गांधी परिवार और ब्लू स्टार

अस्सी के दशक का भारत

प्रवीण कुमार झा

Bonzuri Project

गांधी परिवार और ब्लू स्टार

First Published (Kindle) 2020

Published by Bonzuri Project 2024

प्रकाशक

Bonzuri Project

Cover: Zwantum

Gandhi Parivaar Aur Blue Star

---

by Praveen Kumar Jha

अध्याय

खंड-1: गांधी परिवार

खंड-2: ब्लू स्टार

खंड-1
गांधी परिवार

परिकथा

4 जून 1977-नांगलोई पुलिस थाना, दिल्ली। (शाम 7 बजे)

"साहब! मैं पंजाब खोड़ गाँव से बोल रहा हूँ।"

"हाँ! बोलो! क्या बात है?"

"यहाँ खेत में एक बॉडी मिली है"

"कहाँ?"

"मान सिंह के फार्म में।"

"किसकी है? कौन बोल रहे हो तुम?"

फोन कट जाता है। पुलिस आधे घंटे में मौका-ए-वारदात पर पहुँचती है। मरने वाला एक सिख था, जो गेहूँ की खेत के पास ज़मीन पर पड़ा था। उसके सर के नीचे बड़े सलीके से अख़बार मोड़ कर रखे हुए थे। पास ही एक कार्टन पड़ा था। वह बहुत आराम से दोनों हाथ किनारे रख कर लेटा हुए था, लेकिन उसे गोली लगी थी और वह मर चुका था। आस-पास कोई भी हथियार नज़र नहीं आ रहा था, न ही किसी तरह के संघर्ष के निशान। शायद जीवन से थक-हार कर ख़ुद को गोली मार ली गयी।

शिनाख़्त भी जल्दी ही हो गयी। वह भूतपूर्व फ़ौजी लेफ्टिनेंट कर्नल टी. एस. आनंद थे। थोड़ी देर में उनके परिवार ने आकर पहचान कर ली।

"आपने कब देखा था इन्हें?" पुलिस अफसर ने पूछा

"दो दिन पहले निकले थे। गेहूँ की कटाई हुई थी। वही देखने आए थे।"

"और कोई वजह?"

"तनाव में तो रहते ही थे। पहले भी कोमा हो चुका था। आपने तो सुना ही होगा सब।"

“नहीं। मैं नहीं जानता। आपको दो दिन तक पता नहीं लगा?”

“हमने आज ही दोपहर में ड्राइवर को भेजा था। वही यह ख़बर लेकर आया।”

“कब?”

“लगभग पाँच बजे”

“तो आपने पुलिस को ख़बर क्यों नहीं की? कौन है ड्राइवर?”

“जी। मैं गुरदेव सिंह। मैं डर गया था।”

“तुमने क्या देखा?”

“मैं जब दो बजे उनको ढूँढता हुआ आया तो यहाँ एक रखवाला है उमेद सिंह, वही मुझे इनकी लाश के पास लेकर गया।”

“उसे किसने बताया?”

“गाँव के कुछ लड़कों ने किसी मलेरिया जाँच करने आए डॉक्टर को ख़बर की थी।”

“उमेद सिंह ने उनको कब आख़िरी बार देखा?”

“दो दिन से किसी ने उनको नहीं देखा।”

“यह लगता तो सुसाइड ही है। मगर कोई हथियार पास नहीं पड़ा। तुमने कोई हथियार उठाया तो नहीं?”

“नहीं साहब”

“फिर भी तुम्हें कस्टडी में रखना होगा। पूछताछ के लिये।”

मृत्यु रिवॉल्वर की गोली से हुई थी। लेफ्टिनेंट कर्नल के व्यवसायों पर कोई इन्क्वायरी चल रही थी और वह तनाव में थे। उन्होंने दो दिन पहले आत्महत्या कर ली होगी। रिवॉल्वर किसी जानकार ने छुपा दी होगी या किसी गाँव वाले ने उठा ली होगी। ताज्जुब की बात यह ज़रूर थी कि दो दिन से बॉडी यूँ ही पड़ी रही, किसी चील-कौवे ने भी नहीं छुआ। लेकिन, ऐसा कई बार होता है कि लाश दस दिन बाद भी सलामत मिलती है।

यह कोई साधारण लाश नहीं थी। इमरजेंसी के बाद जनता पार्टी की सरकार आयी थी। कई लोगों पर इमरजेंसी की ज़्यादतियों का मुकदमा चल रहा था। कुछ को सजा मिल रही थी, कुछ स्वयं अपनी जान ले रहे थे और कुछ संदिग्ध मौत मर रहे थे। यह मृत्यु भी उसी कड़ी में एक थी।

नांगलोई थाने में फ़ोन आने से पहले दिल्ली के इंस्पेक्टर जनरल को एक फ़ोन आया था, "दिल्ली से बाहर नांगलोई के पास किसी खेत में मेरे एक रिलेटिव की लाश मिली है। आप पता करेंगे?"

नांगलोई पुलिस को लाश की जेब में एक नोट मिला— 'संजय की चिंताएँ बहुत बढ़ गयी हैं।'

लेफ़्टिनेंट कर्नल आनंद का एक परिचय यह भी है कि वह इमरजेंसी के सबसे ताकतवर व्यक्ति संजय गांधी के ससुर थे।

सोनिया

परिवार दुनिया में एक जैसे ही होते हैं। भले ही सतह से यूरोप और भारत के परिवार अलग-अलग बनावट के नज़र आएँ। आभास होता है कि भारतीय परिवारों में भावनाओं का तड़का है, बॉन्डिंग है, बाकियों में नहीं है; लेकिन केनेडी परिवार में भी यह साम्य मिलता है।

निम्न-वर्ग से उच्च वर्ग तक परिवार एक प्राइवेट लिमिटेड कंपनी है। चाहे गाँव के मल्लाहों का परिवार हो, जो साथ जाल फेंकने जाता हो, या शहरों का वाडिया परिवार जो साथ व्यवसाय करते हों। अमेरिका में केनेडी परिवार सत्ता की डगर पर था, तो भारत में गांधी-नेहरू परिवार।

गांधी परिवार में कन्फ्लिक्ट (मतभेद) की पूरी संभावना थी, लेकिन बड़े भाई राजीव को राजनीति में रुचि नहीं थी, तो यह विवाद जन्मा ही नहीं। छोटे भाई संजय ने इंदिरा का उत्तराधिकारी बनने का ज़िम्मा ले लिया। लेकिन, परिवार बड़ा भी तो हुआ। बहुएँ भी तो आयीं।

इसमें एक सुविधा यह हो गयी कि एक बहू विदेश से आयी, जिसका भारतीय राजनीति में आने का सवाल ही नहीं था।

सोनिया (एडविगे एंटोनियो माइनो) के पिता मुसोलिनी से जुड़े थे तो सोवियत सेना बंदी बना कर ले गयी। वहाँ रूसी लोगों के बीच में रह कर बेटियों के रूसी नाम रख दिए-अनौष्का, सोनिया और नादिया। फिर वहाँ से ये अपने गाँव लुसियाना लौट गए। यह इटली की आल्प्स शृंखला के बीच बसा छोटा सा गाँव है, जहाँ की आबादी तब तीन हज़ार थी। वहाँ खिड़कियों में लकड़ी के शटर होते हैं, जिसे 'मैनी' कहते हैं। मैनो(माइनो) उपनाम उसी से जन्मा है।

विश्व-युद्ध के बाद इटली एक गरीब देश में तब्दील हो चुका था और अमरीका की मदद से ही कुछ ऊपर उठ रहा था। पढ़ाई तो ख़ैर क्या ही होती! उस ज़माने में

इटली में भी लड़कियाँ कम ही पढ़ाई जाती थी। गाँवों में मिडल-स्कूल होते नहीं थे। लड़कियाँ (सोनिया भी) वहाँ से मीलों दूर एक आवासीय ईसाई स्कूल में रह कर पढ़ती थी।

सोनिया को आगे अंग्रेज़ी पढ़ने के लिये कैम्ब्रिज (इंग्लैंड) के एक सस्ते स्कूल भेज दिया गया। हालाँकि वह अंग्रेज़ी भाषा में कमज़ोर ही रही। इसी शहर में राजीव मिले। सोनिया के विपरीत राजीव भारत के सबसे शक्तिशाली परिवार से ताल्लुक रखते थे। दून स्कूल से पढ़े थे, फर्राटा अंग्रेज़ी बोलते थे। वह उस ट्रिनिटी कॉलेज में पढ़ने आए, जहाँ उनके नाना जवाहरलाल नेहरू पढ़ चुके थे।

सोनिया ट्रिनिटी के ग्रीक रेस्तराँ अक्सर जाती थी, क्योंकि वह इतालवी भोजन के क़रीब था। वहीं वह 'वेट्रेस'(बैरन) बन गयी। वहाँ एक इतालवी दोस्त के साथ एक दिन राजीव गांधी भोजन करने आए। सोनिया ने लिखा है कि पहली नज़र में ही प्यार हो गया। राजीव का ऐसा कथन नहीं मिलता, लेकिन 1965 की उस पहली मुलाक़ात के बाद वे मिलने ज़रूर लग गए।

उनके एक सहपाठी लिखते हैं, "कैम्ब्रिज में छात्र-छात्रा का अनुपात 12:1 का था, तो इतनी कम लड़कियों में यह कहना ग़लत न होगा कि सोनिया सबसे सुंदर लड़की थी और ये दोनों सबसे सुंदर जोड़ी।"

राजीव रोज़ साइकल से उनके घर जाते और वीकेंड पर अपनी एक सेकंड-हैंड फॉक्सवैगन(वोक्सवैगन) में घूमने जाते। 1965 में ही राजीव सोनिया को लेकर बॉलरूम गए, जिसकी चर्चा होती है कि सोनिया ने एक ख़ूबसूरत गाउन पहना था और वे हाथों में हाथ डाले चल रहे थे। यह सिलसिला चलता रहा। राजीव ने एक बेकरी में पार्ट-टाइम काम ले लिया।

इंदिरा गांधी उस समय सूचना-प्रसारण मंत्री थीं। एक दफ़े काम से इंग्लैंड गयी तो राजीव ने पहली बार सोनिया से मिलाया। जब वे अंग्रेज़ी में संवाद ठीक से न कर सकीं तो इंदिरा गांधी ने फ्रेंच बोलना शुरू कर दिया जो सोनिया को अच्छी आती थी। अगले साल संजय गांधी भी रॉल्स-रॉय्स कंपनी में प्रशिक्षण के लिये चले गए, तो वह भी सोनिया से मिले। परिवार बनने लगा था।

थोड़ी-बहुत झिझक सोनिया के रूढ़िवादी पिता को हुई, जिन्हें राजीव ने इटली जाकर मनाने की कोशिश की।

"तुम्हारी माँ राजनेता है। ठीक है। लेकिन, तुम क्या करते हो?"

"अभी मैं पाइलट प्रशिक्षण ले रहा हूँ। भारत जाकर लाइसेंस ले लूंगा।"

"देखो, मेरी बेटी अभी नाबालिग है। साल भर बाद बालिग होगी। तुम दोनों साल भर अलग रहो। उसके बाद भी अगर प्रेम रहा तो यह भारत जा सकती है।"

ठीक एक साल बाद, जनवरी 1968 में सोनिया दिल्ली हवाई अड्डे पहुँची, जहाँ राजीव, संजय और उनके एक अजनबी दोस्त रिसीव करने आए थे।

राजीव ने कहा, "यह मेरा दोस्त है-अमिताभ। शादी से पहले तुम इसी के घर में रहोगी।"

❑

सोनिया ने इटली के स्कूल में कभी भारत का नाम सुना भी नहीं था। राजीव, इंदिरा और संजय को लंदन में देख कर भारत का अंदाज़ा लगाना भी मुश्किल था। राजा को देख कर प्रजा का कहाँ पता लगता है?

राजीव और संजय का बचपन तो विशाल तीन-मूर्ति भवन में अपने नाना के साथ गुज़रा था। उनके रंग-ढंग, चाल-ढाल, बोल-चाल अभिजात्य थे। सोनिया भारत आकर जिस पहले भारतीय से मिली, वे अमिताभ बच्चन थे, जो भविष्य के सुपरस्टार बनने वाले थे। उनके साथ जिस लुट्यन दिल्ली से गुज़र कर विलिंगडन क्रेसेंट बंगले पर सोनिया पहुँची, वह भी भारत के सबसे पॉश इलाके में था। यूँ कहिए कि उसने भारत में नहीं, 'इंडिया' में क़दम रखा था। इटली के ग्रामीण परिवेश से उठ कर आयी सोनिया के लिये तो यह सब तिलिस्मी था। उसे ऐसी शान-ओ-शौक़त का अभ्यास न था।

दूसरी समस्या भाषा की थी। सोनिया कैम्ब्रिज के लैंग्वेज स्कूल में अंग्रेज़ी सीखने ही गयी थी, लेकिन साल भर में भला क्या सीख पाती? भारत के रस्म-ओ-रिवाज़ से परिचय के लिये उसने सोचा कि हिन्दी ही सीख ले। जो घर दिल्ली में उसका मायका बना, वह हिन्दी के कवि हरिवंशराय बच्चन का घर था।

धर्मयुग को '85 में दिये साक्षात्कार में सोनिया कहती हैं, "तेजी बच्चन मेरी तीसरी माँ हैं। पहली माँ इटली में, दूसरी मम्मी (इंदिरा गांधी) और तीसरी तेजी बच्चन।"

तेजी बच्चन ने ही सोनिया का भारतीय भोजन, शृंगार, भाषा, संस्कृति आदि सभी से परिचय करवाया। इतना ही नहीं, तेजी इंदिरा गांधी की क़रीबी दोस्त थी और वह जानती थी कि वह एक कठोर सास होगी। डॉमिनेटिंग! सो उसकी हाँ में हाँ मिला कर ही चलना होगा।

लगभग एक महीने बाद 25 फरवरी, 1968 को राजीव-सोनिया की शादी हो गयी। सोनिया के पिता अब भी नाराज़ थे, तो वे आए नहीं।

उस दिन के 'द हिन्दू' अख़बार के अनुसार, *"प्रधानमंत्री आवास पर राजीव-सोनिया विवाह एक साधारण कार्यक्रम में संपन्न हुआ। सोनिया ने ज़री-गोटा साड़ी पहनी थी। वेद-मंत्रों और शहनाई के मध्य माला पहनाई गयी। फिरोज़ गांधी और इंदिरा गांधी के निकट संबंधी ही आए थे। सोनिया के अंकल एंजेलो प्रेदेबोन ने कन्यादान किया।"*

इंदिरा गांधी अब प्रधानमंत्री बन चुकी थी। 1, सफ़दरजंग रोड निवास पर रहती थी और उसके साथ ही लगे 1, अकबर रोड को उन्होंने ऑफ़िस में तब्दील कर लिया। उस समय कोई ख़ास सुरक्षा-व्यवस्था भी नहीं रहती थी और आवास के दरवाज़े भी खुले ही रहते थे। लॉन में आकर जान-पहचान के लोग जैसे ख़ुशवंत सिंह, पुपुल जयकर आदि बैठे रहते थे।

इटली-मेड एक और चीज़ उन दिनों भारत आयी। लंब्रेटा स्कूटर। यह स्कूटर इटली ने बनाना बंद किया तो स्विट्ज़रलैंड ने शुरू कर दिया। मैं भी इस खटारा पर बैठ चुका हूँ। लम्ब्रेटा भारत के लिये अनफिट थी। मौके-बेमौके ख़राब हो जाती। राजीव के पास यही स्कूटर थी। इसी पर बिठा कर सोनिया को घुमाने इंडिया गेट जाते। संजय और अमिताभ भी साथ जाते। सोनिया अपने संस्मरण में लिखती हैं कि वे लोग अक्सर इस स्कूटर को कुछ दूर धक्का देते, तब जाकर स्टार्ट होती।

जो भी हो, इनका परिवार एक छत के नीचे ख़ुश ही था। सोनिया बोलती कम ही थी और पूरी गृहिणी बन गयी थी। खाना बनाने का शौक़ था, तो रसोई

में ही व्यस्त रहती। दो बच्चे भी हो गए, तो उनका पालन-पोषण और भी व्यस्त रखता। और फिर इंदिरा गांधी की साड़ी वगैरह की ख़रीद। बल्कि उस वक़्त इतनी सेलिब्रिटी वाली बात नहीं थी, तो सोनिया ख़ुद ही खान मार्केट से सब्जियाँ भी ख़रीद लाती थी। राजीव इंडियन एयरलाइंस में सह-पायलट लग गए थे, तो हफ़्ते में दो-तीन दिन गायब ही रहते। राजनीति सोनिया के इर्द-गिर्द चल ही रहा होता, लेकिन भारतीय राजनीति समझना कहाँ आसान है? वह उन नेताओं के खाने-पीने के इंतज़ाम में ही लगी रहती। उसके साथ बात करने वाला भी कोई न था और न ही लड़ने वाला।

तभी घर में एक नयी बहू आयी-दिव्य-सुंदरी, कमसिन, मॉडल-मेनका आनंद।

छोटी बहू

सोनिया और मेनका में ज़मीन-आसमान का फ़र्क़ था। सोनिया को राजीव ने सबसे पहले एक रेस्तराँ की परिचारिका के रूप में देखा था, जबकि संजय ने मेनका को सबसे पहले बॉम्बे डाइंग के पोस्टर पर देखा था। मेनका दिल्ली की पंजाबी, चुलबुली सत्रह-अठारह साल की ब्यूटी-क्वीन थी; जबकि सोनिया की दौड़ ले-दे कर सफदरजंग रोड से खान मार्केट तक थी। एक फर्राटेदार अंग्रेज़ी बोलने वाली लड़की थी; जबकि दूसरी बड़ी मुश्किल से वाक्य पूरा कर पाती थी। एक पार्टियाँ करने वाली ग्रेटर कैलाश की उन्मुक्त लड़की, तो दूसरी अकेली, घरेलू, किचेन में समय बिताने वाली। एक सौम्य अनुशासित पाइलट राजीव की पत्नी थी, तो दूसरी लाडले बिगड़ैल नेता संजय की। मेनका भारतीय होकर भी प्रगतिवादी फिरंगी मिज़ाज की थी और सोनिया फिरंगी होकर भी भारतीय गृहिणी मिज़ाज की।

द्वंद्व तो होना ही था।

संजय दून स्कूल से ड्रॉप-आउट थे। इंग्लैंड में भी कोर्स पूरा न कर सके। उनके दोस्त वीनू कपूर की रिश्ते में बहन थी मेनका। मेनका भी ड्रॉप-आउट ही थी, जो मॉडलिंग करने लगी। वीनू के घर पर एक कॉकटेल पार्टी में ही नज़रें मिली और दोनों मिलने लगे। यह 1973 की बात है, जब मेनका महज 17 साल की थी। जब घर में बात मालूम पड़ी, तो मेनका के सिख अभिभावकों ने उसे भोपाल भेज दिया। वे शादी के ख़िलाफ़ थे। लेकिन, ये दोनों कहाँ मानने वाले? अठारह साल की होते ही मेनका दिल्ली लौटी और शादी की तैयारी शुरू।

अब प्रधानमंत्री के घर से बारात कैसे ग्रेटर कैलाश जाती? वहीं आधे किमी पर मुहम्मद युनुस का बंगला था। हरिवंशराय बच्चन के विलिंगडन क्रेसेंट के ठीक पड़ोस में। वहीं मंडप बना। तो जैसे सोनिया का मायका बना था बच्चन जी का घर, मेनका का मायका बना ठीक पड़ोस में युनुस साहब के घर। वहीं सितंबर 1974 में शादी हो गयी।

संजय मेनका से दस साल बड़े थे, लेकिन मेनका फिर भी अधिक पढ़ी-लिखी थी। शादी के बाद घर का माहौल तो भारतीय परिवार जैसा ही था। बड़ी बहू के हाथ में रसोई थी, घर की ज़िम्मेदारी थी; और इससे मेनका को ख़ास परेशानी भी नहीं थी। उसे खाना बनाने में रुचि भी नहीं थी। उम्र ही कितनी थी!

मेनका की रुचि थी पोलिटिक्स में। वह उस समय भी इंदिरा गांधी के भाषण के लिये अच्छे अंग्रेज़ी उद्धरण ढूँढती रहती थी। वह संजय के साथ राजनीति में दख़ल रखती थी, जिसका ज़िक्र मैंने जेपी पर किताब में किया है। आख़िर वह इमरजेंसी का वक़्त था, जब संजय मनमर्ज़ी का राज कर रहे थे।

राजीव और सोनिया तो कहीं नेपथ्य में थे। पहली बार 1975 में इंदिरा गांधी ने राजीव-सोनिया को मंच पर लाया, जिसमें छोटे-छोटे राहुल-प्रियंका तक खड़े थे। यह भी ज़बरदस्ती ही था, क्योंकि करीबी लोग मानते हैं कि राजीव इमरजेंसी के समर्थन में नहीं थे। यह बस जेपी आंदोलन के समय जनता की सिम्पैथी के लिये इंदिरा गांधी ने मजमा लगाया था कि हमारा पूरा परिवार समर्पित है। अन्यथा, राजनैतिक कमान बस संजय-मेनका के हाथ ही थी। न सिर्फ राजनैतिक, बल्कि व्यवसायिक भी। मेनका का परिवार बिजनेस-माइंडेड था ही, तो तमाम डील संभालने में मदद मिल जाती थी। उसकी माँ अमतेश्वर आनंद तो इंदिरा गांधी की सहेली बन गयी थी।

लेकिन, यह राज आख़िर ख़त्म हुआ। इंदिरा गांधी '77 का चुनाव बुरी तरह हार गयी। प्रधानमंत्री निवास छिन गया। यह उनके लिये इस हद तक अकल्पनीय था कि इंदिरा गांधी के पास दिल्ली में रहने के लिये घर ही नहीं था। तीनमूर्ति भवन तो संग्रहालय बन गया था। ये लोग लौट कर उसी घर पहुँचे, जहाँ संजय की बारात गयी थी। 12, विलिंगडन क्रेसेंट। अमिताभ बच्चन के पड़ोस में।

जब बाहर समीकरण बदले, तो अंदर भी बदलने ही थे। इंदिरा गांधी में कूटनीति का अनुभव था, वापस आना तय था। संजय लगभग ख़त्म हो चुके थे, जनता पार्टी हाथ धोकर पड़ी थी। सोनिया भी जाने-अनजाने संजय के मारुति जाल में फँस चुकी थी। मेनका की ग्वालियर राज परिवार से नयी दोस्त बन रही थी— वसुंधरा।

❑

"जीना ज़िल्लत से है, तो मरना उससे अच्छा है"

-दिल्ली के पूर्व लेफ्टिनेंट जनरल कृश्न चंद का 'सुसाइड नोट'

जर्मनी में जब 1945 में रेड आर्मी घुस गयी, तब हिटलर, गोएबेल्स, हिम्लर समेत लगभग हज़ार नाजियों ने ख़ुद को गोली मार ली। वे डर गए कि उन पर मुकदमा होगा, यातना दी जाएगी।

तीस साल तक कांग्रेस अजेय थी। सत्रह साल तक तो नेहरू ही प्रधानमंत्री रहे। दुनिया के कई तानाशाहों को इतनी लंबी सत्ता नसीब नहीं हुई। एक पूर्ण लोकतांत्रिक देश में इतने लंबे समय तक एक ही पार्टी सत्ता में रहे और विपक्ष का लगभग नाम-ओ-निशां न हो, यह एक अजूबा उदाहरण है। उसके बाद एक खिचड़ी विपक्ष जैसे-तैसे आती है और दो साल भी नहीं टिक पाती। पुन: कांग्रेस दस साल तक रहती है, फिर भी विपक्ष नदारद। इस देश में एक ढंग के विपक्ष बनते-बनते ही पाँच-छह दशक लग गए। बिना विपक्ष के क्या लोकतंत्र?

आपातकाल के बाद जब इंदिरा गांधी ने चुनाव की घोषणा की और जनता पार्टी सरकार में आयी, यह लोकतंत्र की एक ख़ूबसूरत छाप थी। भले कुछ महीने ही सही।

लेकिन, यह भी एक 'रिवेन्ज-गेम' बन कर रह गया। जनता पार्टी ने इमरजेंसी ज़्यादतियों के लिये शाह कमीशन बिठायी। इंदिरा गांधी, संजय गांधी, विद्याचरण शुक्ल और उनके तमाम गुर्गों की घेराबंदी की गयी। जनता पार्टी इस फेर में कुछ ख़ास रचनात्मक कर भी नहीं पायी।

मार्च, 1977 में मोरारजी देसाई ने शपथ ली। अप्रैल में संजय गांधी के मारुति प्रोजेक्ट पर जाँच कमीशन बैठी। मई के आख़िरी हफ़्ते में शाह कमीशन गठित हुई। जून में मेनका गांधी के पिता लेफ्टिनेंट कर्नल आनंद ने ख़ुद को गोली मार ली। यह नोट लिख कर कि संजय की चिंता बढ़ गयी है।

मई, 1978 में संजय गांधी को इमरजेंसी के दौरान एक फ़िल्म (क़िस्सा कुर्सी का) की रील जलाने के जुर्म में तिहाड़ भेजा गया।

जुलाई, 1978 में संजय गांधी के ख़ास सहयोगी रहे दिल्ली के पूर्व उपराज्यपाल कृश्न चंद रात को आठ बजे साउथ दिल्ली के अपने घर से यह कह

कर निकलते हैं कि एक वकील दोस्त से मिलने जा रहे हैं और कभी नहीं लौटते। उनकी लाश दो किमी दूर एक कुएँ में मिलती है। इससे पहले वह शाह कमीशन के सामने कह चुके थे कि मुझे संजय गांधी के आदेश आते थे, तभी मैं गिरफ़्तारियाँ करवाता था। लेकिन, बाकी मिल कर उन्हें फँसा रहे हैं।

यह इमरजेंसी के बाद दूसरी बड़ी आत्महत्या थी।

1978 में ही मारुति घोटाले में गुप्ता कमिशन की रिपोर्ट आयी। इसके अनुसार संजय गांधी ने 'मारुति टेक्निकल सर्विसेज़' नाम से एक फ़र्ज़ी कंपनी बना ली थी, जो मारुति लिमिटेड से प्रति महीना वेतन, गाड़ी ख़र्च आदि लेती थी। दस लाख एडवांस भी ले लिये थे। जबकि, एक भी गाड़ी अब तक बनी नहीं थी।

ताज्जुब की बात यह थी कि इसमें उनकी पार्टनर सोनिया गांधी थी। उनको भी मासिक वेतन आदि मिलना था, जो उनके अनुसार कभी मिला ही नहीं। न ही उनके खाते में आए। कमीशन ने यह भी कहा कि एक विदेशी नागरिक होने के नाते वह बिना रिजर्व बैंक की अनुमति के शेयर-होल्डर बन ही नहीं सकती।

रशीद किदवई लिखते हैं कि राजीव गांधी को जब यह मालूम पड़ा तो उन्होंने सोनिया को बुला कर डाँटा, "तुम ऐसी हरकत कैसे कर सकती हो? मुझसे बिना पूछे?"

दिसंबर 1978 में भूतपूर्व प्रधानमंत्री इंदिरा गांधी को भी तिहाड़ जाना पड़ा।

उन दिनों इंदिरा गांधी के घर में तनाव का माहौल था। एक तो घर भी छोटा था और उनके पुराने ख़ानसामे की भी मृत्यु हो गयी थी, तो अब भोजन सोनिया ही बनाने लगी। इंदिरा गांधी अब उस शक्की मोड में जा रही थी कि दूसरों का बनाया खाना खाती भी नहीं। किसी भी बात पर झगड़े हो रहे थे।

उनके संबंधी और डिप्लोमैट बी. के. नेहरू एक वाकया बताते हैं कि एक दिन अंडा ठीक से तला नहीं गया था, तो संजय गांधी सोनिया पर आग-बबूला हो गए।

इन सबके बीच इंदिरा गांधी के चेहरे पर मुस्कान लाने में कुछ हद तक कामयाब रही मेनका गांधी। उन्होंने एक पत्रिका शुरू की-'सूर्या'। उस पत्रिका ने इंदिरा गांधी के विरोधियों और जनता पार्टी के पोल खोलने शरू कर दिए।

मेनका गांधी की इस पत्रिका ने ही छापा भारत का पहला राजनैतिक सेक्स स्कैंडल!

❑

राजनीति जब अपने घिनौने अवतार में आती है, तो आदर्शों की चिता जलती ही है। मैं जब केनेडी पर लिख-पढ़ रहा था, तो जैक्वेलिन केनेडी का एक कथन पढ़ा, "इंदिरा मुझे अक्खड़, स्वार्थी और चालबाज़ महिला लगी"।

जैकी मुश्किल से दो मौकों पर मिली होगी, संस्कृति का भी फ़र्क़ था। लेकिन बात जेपी की इस मान्यता से मेल खाती है कि इंदिरा गांधी किसी भी हद तक जा सकती है।

जगजीवन राम आज़ाद भारत के सबसे कद्दावर दलित नेताओं में से रहे। इंदिरा गांधी के समय रक्षा मंत्री रहे और इमरजेंसी के ठीक बाद पाला बदल कर जनता पार्टी की सरकार में पुन: रक्षा मंत्री बन गए। ज़ाहिर है इंदिरा गांधी के लिये यह पीठ में छुरा भोंकने के बराबर था। लेकिन, इसका बदला लेने के फेर में राजनीति अपने रसातल में चली गयी।

जगजीवन राम के पुत्र सुरेश राम गया (बिहार) से विधायक रहे थे, बाद में दिल्ली में उनके साथ ही रहते थे। ख़बरों में उनकी लाल बत्ती में घूमती अय्याश छवि ही मिलती है। शादी-शुदा थे, लेकिन सत्यवती कॉलेज की एक बीस साल की लड़की सुषमा चौधरी से इश्क हो गया। वह जाट थी। यह बताना इसलिये ज़रूरी है कि उस वक़्त जनता पार्टी टूटने की कगार पर थी। जगजीवन राम और जाटों के सिरमौर नेता चौधरी चरण सिंह में प्रधानमंत्री बनने की होड़ मची थी।

अधिकतर रिपोर्टों की सहमति यही है कि चौधरी चरण सिंह और राज नारायण ने मिल कर इस खोटे सिक्के को भुनाना चाहा। उन्होंने इस रिश्ते के पीछे स्टिंग करने के लिये लोग लगा दिए। उस ज़माने में विडियो तो नहीं, लेकिन पोलरॉय्ड कैमरा प्रचलित हो गया था। सुरेश राम (40 वर्ष) और सुषमा (20 वर्ष) की बेडरूम तस्वीरें निकल कर आ गयी। जैसे भी आयीं, मगर यह खजाना विपक्षियों के हाथ लग गया। अख़बारों के अनुसार के. सी. त्यागी (अब 2020 में जदयू नेता) उस समय चरण सिंह के शिष्य हुआ करते थे। वही एक और सहयोगी के साथ मिल कर सुरेश राम की मर्सिडीज़ गाड़ी से ये फोटोग्राफ़ उड़ा लाए।

फ़ोटो राज नारायण तक पहुँची, जो अब साधु-संन्यासी बनने की राह पर थे और रामायण पाठ करते रहते थे। वह पत्रकारों को इन चित्रों पर काव्यात्मक कमेंट्री देने लगे। मोरारजी देसाई ने देख कर कहा, "क्या है ये? हटाओ इसको मेरे सामने से।"

चित्र घूम-फिर कर पहुँचे भी तो ख़ुशवंत सिंह के पास। उनके लिये यह क्या था, बताने की ज़रूरत नहीं। उन्होंने चटखारे लेकर कहा, "कामसूत्र की 64 कलाओं में नौ तो इनमें मौजूद हैं।"

जगजीवन राम ने उन्हें संदेश भिजवाया कि अगर तस्वीरें नहीं छपीं, तो वे इंदिरा गांधी से हाथ मिलाने को तैयार हैं। इंदिरा गांधी ने शर्त रख दी कि वे पहले इस्तीफ़ा दें और जनता पार्टी का साथ छोड़ें।

आख़िर ये नौ चित्र मेनका गांधी की मैगज़ीन 'सूर्या' में छप गए और लाखों प्रतियाँ हाथों-हाथ बिक गयी। हिंदुस्तान टाइम्स के अनुसार दिल्ली स्टेशन पर पचास रुपए में एक तस्वीर बिक रही थी। लखनऊ में पोस्टर ही लग गए थे। जगजीवन राम के सभी स्वप्न टूट गए और ये स्कैंडल उनके राजनैतिक करियर का अवसान तय कर गयी। न सिर्फ उनका, बल्कि जनता पार्टी सरकार का भी।

मेनका गांधी ने हेडलाइन दिलवाए थे, "क्या रक्षा मंत्रालय के पेपर लीक हुए हैं? चीन दूतावास को भेजे गए हैं?" मुमकिन भी होता, क्योंकि सुरेश राम रक्षा मंत्रालय में खुले-आम घूमते ही थे। लेकिन, यह तरीका ठीक नहीं था। सुरेश राम ने अपने बचाव में वही घिसा-पिटा बयान दिया कि उनका अपहरण कर नशे में तस्वीरें ले ली गयी।

जहाँ मेनका और इंदिरा गांधी जैसी स्त्रियों ने एक युवती की इज़्ज़तको सरे-आम उछाला, वहीं सुरेश राम ने एक ऐतिहासिक क़दम उठाया। शायद ही किसी सेक्स-स्कैंडल में यह हुआ होगा। उन्होंने अपने पिता से बग़ावत कर सुषमा से विवाह कर लिया। छह साल बाद सुरेश राम की मृत्यु हो गयी और सुषमा कहीं गुमनामी में खो गयी।

मेनका गांधी का यह कर्म भविष्य में उनके जीवन में वापस लौटा। उनके अपने पुत्र इसी तरह के स्कैंडल में लिप्त पाए गए और उन पर भी उसी तर्ज़ पर डिफेंस-सीक्रेट लीक के इल्ज़ाम लगे।

छोटा पेड़

जनता पार्टी सरकार गिर गयी। गिरना ही था। चरण सिंह ने मोरारजी देसाई सरकार से अपने चरण खींचे और ऐसी नौबत आई कि लौट कर इंदिरा गांधी का ही समर्थन लेने जाना पड़ा। 1979 के अगस्त तक उनकी सरकार गिर गयी और नए चुनाव घोषित हो गए। जनता का जनता पार्टी से भ्रम टूटा और जनवरी, 1980 में भारी जीत से कांग्रेस (इंदिरा) की सरकार बनी। संजय गांधी भी अमेठी से अपना पहला चुनाव जीते। इंदिरा गांधी ने रायबरेली और मेडक (आंध्र प्रदेश) से चुनाव जीता। रायबरेली सीट बाद में अपने पिता के परिवार के ही अरुण नेहरू को दे दी गयी।

13 मार्च, 1980 को संजय और मेनका के पुत्र फिरोज़ वरुण गांधी का जन्म हुआ। यह बच्चा इंदिरा गांधी का 'लकी चार्म' और परिवार का सबसे दुलारा बच्चा बना। गांधी परिवार अपने पुराने सफ़दरजंग रोड आवास में शिफ़्ट हो गया।

इस नयी जीत के बाद संजय गांधी में बाहरी बदलाव आ रहे थे। पार्टी के लोग पसंद करने लगे थे और उत्तर प्रदेश का मुख्यमंत्री बनाना चाहते थे। संजय के लिए उनके समर्थक मिठाई लेकर भी आ गए। लेकिन, इंदिरा गांधी की मंशा स्पष्ट थी। संजय को अगला प्रधानमंत्री बनना था। इसलिये कांग्रेस का महासचिव बना दिया गया। संजय ने कुछ विरोध भी जताया, लेकिन मना लिए गए। एक ज़िक्र आता है कि एक दिन संजय 108 रुद्राक्षों की माला लेकर आ गए और उसे गले में डालने लगे। इंदिरा ने रोका कि तुम्हारी अभी यह सब पहनने की उमर नहीं हुई।

मेनका राजनीति और अपने पशु अधिकार(एनिमल राइट्स) कार्यों में व्यस्त हो गयी। नज़मा हेपतुल्लाह ने एक साक्षात्कार में कहा कि वरुण की ज़िम्मेदारी सोनिया ही संभालती थी।

राजीव और संजय, दोनों को मशीनों का शौक़ था। दोनों के पास पायलट लाइसेंस थे। लेकिन, उड़ाने का तरीका अलग था। राजीव संभल कर, प्रोटोकॉल से चलने वाले व्यक्ति थे और संजय रिस्क लेने वाले। संजय को हवाई कलाबाजी में कुछ पुरस्कार भी मिले थे। जनता पार्टी सरकार ने संजय गांधी का लाइसेंस रद्द कर दिया था। इंदिरा के आते ही जब लाइसेंस वापस मिला, तो वापस हवाई जहाज उड़ाने की तलब भी हुई। इंदिरा ने एक 'पिट 2-A' नामक छोटा लेकिन तेज़-तर्रार हवाई जहाज ख़रीदा था, जिसे लाइसेंस आख़िर जून, 1980 में ही मिल सका।

उस समय राजीव गांधी सपरिवार अपने ससुराल इटली गए हुए थे, जब संजय के हाथ में यह हवाई जहाज आया। 21 जून (शनिवार) को वह मेनका गांधी के साथ पहली बार उड़ाने निकले और आधे घंटे तक उड़ाया। 23 जून को वह फिर से हड़बड़ी में सुबह-सुबह जहाज उड़ाने निकले। इंदिरा गांधी और मेनका गांधी ने उन्हें जाने से रोका, लेकिन वह मेटाडोर लेकर निकल गए। उनको माधव राव सिंधिया (उस वक़्त नागरिक उड्डयन मंत्री) के साथ जहाज़ उड़ाना था, लेकिन उनको देर हो रही थी। संजय दिल्ली फ्लाइंग क्लब के इंस्ट्रक्टर सुभाष सक्सेना के पास पहुँच गए।

सुभाष ने कहा, "आज मैं जहाज नहीं उड़ाऊँगा।"

संजय ने कहा, "चिंता मत करो। तुम बस साथ बैठना।"

सुभाष क्लब पहुँच कर चाय पीने बैठे ही थे कि एक चपरासी दौड़ा आया कि साहब जल्दी बुला रहे हैं। संजय उस टू-सीटर जहाज की पिछली सीट पर कुर्ता और कोल्हापुरी चप्पल में कंट्रोल लिये बैठे थे। सुभाष अगली सीट पर बैठ गए। राजीव ने कई बार कहा था कि जहाज हमेशा अच्छे जूतों के साथ ही उड़ाओ, मगर संजय कहाँ सुनने वाले थे! सुबह 7:58 में जहाज उड़ा। उसके साथ सख़्त हिदायत थी कि 5000 फीट से नीचे और किसी आवासीय इलाके में न उड़ाया जाए, लेकिन संजय बेपरवाह कलाबाजियाँ करने लगे। नीचे खड़े एक चपरासी ने देखा कि संजय ने तीन बेहतरीन लूप बनाए और चौथी में सीधा नीचे आवासीय इलाके की ओर गिरने लगे। जहाज तेजी से होटल अशोका के पीछे क्रैश होता दिखने लगा। चपरासी साईकल लेकर जहाज की ओर भागा।

उसने कहा, "मैंने देखा कि जहाज पेड़ों के बीच गिरा पड़ा है। संजय दूर छिटक कर पड़े हैं और कैप्टन का पैर जहाज में और सर नीचे लटका पड़ा है। दोनों बुरी तरह घायल थे, लेकिन शायद मरे नहीं थे।"

8.20 में इंदिरा गांधी को ख़बर मिली, तो वह भागी आयी। उत्तर प्रदेश के मुख्यमंत्री विश्वनाथ प्रताप सिंह उस वक़्त उनसे मिलने आए थे। उन्होंने देखा कि प्रधानमंत्री किसी अनहोनी ख़बर सुन कर निकली हैं, तो वह भी अपनी गाड़ी में उनके पीछे हो लिए। वहाँ मेडिकल टीम संजय के लहुलूहान शरीर को निकालने में लगी थी। दोनों शरीरों के चीथड़े हो गए थे। वे मर चुके थे। हालत यह थी कि राम मनोहर लोहिया अस्पताल के डॉक्टरों ने मेनका और इंदिरा को शव दिखाने से मना कर दिया। पहले संजय की लाश के चीथड़े जैसे-तैसे जोड़े गए और तभी दोपहर में प्रधानमंत्री आवास भेजे गए।

इंदिरा गांधी की भावनाओं का एक अलग ही चित्र उभरता है। ज़ाहिर है उनके लिए यह अपूरणीय क्षति थी, लेकिन एक प्रधानमंत्री होने के नाते वह ख़ुद को कमज़ोर नहीं दिखाना चाहती थी। वह एक काला चश्मा पहन कर अस्पताल में खड़ी थी, जब अटल बिहारी वाजपेयी और चंद्रशेखर उनसे मिलने आए।

अटल बिहारी वाजपेयी ने सहानुभूति जताते कहा, "इस वक़्त आपको हिम्मत से काम लेना होगा।"

इंदिरा गांधी ने कोई जवाब नहीं दिया। वह चंद्रशेखर को किनारे ले गयी और कहा, "आपसे असम के सम्बन्ध में बात करनी थी। वहाँ के हालात ठीक नहीं।"

चंद्रशेखर ने कहा, "यह सही वक़्त नहीं। आपसे मैं बाद में बात कर लूँगा।"

इंदिरा ने कहा, "नहीं, नहीं। यह बहुत ज़रूरी मुद्दा है।"

वाजपेयी और चंद्रशेखर हैरान रह गए कि यह कैसी माँ है, जिनके सामने पुत्र का मृत शव पड़ा है और उन्हें असम की चिंता हो रही है। या तो वह पत्थर बन चुकी है, या अपने ग़म भुलाने के लिए मन भटका रही है, या विपक्षी होने के नाते यह दिखाना चाहती है कि इस घड़ी में भी देश की चिंता है। विश्वनाथ प्रताप सिंह को भी इंदिरा ने कहा की जल्दी लखनऊ लौट जाइए, वहाँ काफ़ी काम पड़ा है।

वाजपेयी निष्कर्ष निकालते हैं की ऐसी ही थी इंदिरा गांधी। उनके मन में क्या चल रहा होता, यह पढ़ना कठिन था।

राजीव का परिवार भी इटली से आया और जवाहरलाल नेहरू के समाधि के पास ही राजीव ने संजय को मुखाग्नि दी। संजय गांधी के हज़ारों समर्थकों की भीड़ जमा थी। उनके मन में यही प्रश्न था कि अगला कौन? कांग्रेस इस परिवार से आगे सोचने की क्षमता रखती भी नहीं थी। राजीव पर ही दबाव बनना था और इंदिरा गांधी ने नटवर सिंह सरीखों को इस काम में शीघ्र लगा दिया।

राजीव ने कहा, "मैं संजय न हूँ, न बन सकता हूँ। मैं एक साधारण पाइलट हूँ। वही वेतन मेरी कमाई भी है।"

काफ़ी टाल-मटोल के बाद राजीव ने पायलट की नौकरी से इस्तीफ़ा दिया और मई, 1981 में कांग्रेस पार्टी की सदस्यता ली। हालाँकि पार्टी के कई युवा सदस्यों की नज़र में संजय की जगह राजीव की नहीं, बल्कि मेनका गांधी की थी। यह बात कुछ हद तक ठीक भी थी। मेनका भले ही महज 24 साल की थी, लेकिन उनका राजनैतिक अनुभव राजीव से अधिक था।

उसी बीच अप्रैल, 1980 में जनता पार्टी ने अपने जनसंघी सदस्यों को राष्ट्रीय स्वयंसेवक संघ की सदस्यता से इस्तीफ़ा देने को कहा। लालकृष्ण आडवाणी और अटल बिहारी वाजपेयी जनता पार्टी से अलग हो गए। एक नयी पार्टी की रूपरेखा बनी। दिसंबर, 1980 में बंबई के शिवाजी पार्क में एक रैली हुई। वहीं पहली बार अटल बिहारी वाजपेयी ने कहा,

"अंधेरा छँटेगा, सूरज निकलेगा, कमल खिलेगा"

❑

संजय के जाते ही परिवार बदल गया। मेनका महज तेईस-चौबीस साल की उम्र में विधवा हो गयी। वह भी भारतीय विधवा, जिस पर पूरे भारत की नज़र थी। उनके लिये यूँ घूमना-फिरना, सार्वजनिक पार्टियाँ करना आसान न था (हालाँकि कुछ लेखक लिखते हैं कि वह जश्नों में हिस्सा लेती थी)। इंदिरा गांधी के घर में कभी-कभार सहानुभूति मिलने के बावजूद वह अलग-थलग पड़ गयी थी। इंदिरा गांधी स्वयं चिड़चिड़ी हो गयी थी और गुस्सा मेनका पर भी निकलता ही रहता।

भविष्य की चिंता सिर्फ कांग्रेसियों को ही नहीं थी। भविष्य की चिंता परिवार में भी थी। मेनका की माँ अमतेश्वर आनंद की दो शर्तें थी। पहली तो यह कि मेनका को युवा कांग्रेस का अध्यक्ष बनाया जाए और दूसरी यह कि अमेठी की खाली सीट भविष्य में मेनका गांधी को मिले। दूसरी शर्त तो उस वक़्त मुमकिन ही नहीं थी, क्योंकि लोकसभा की न्यूनतम आयु-सीमा ही पच्चीस वर्ष है।

इंदिरा गांधी को राजीव को राजनीति में लाना था और इसलिये अमेठी से उन्हें ही खड़ा करना था। सोनिया को भी मेनका से समस्या होने लगी क्योंकि वह अधिक रसूखदार और राजनैतिक शक्ति वाली लग रही थी। किसी भी हालत में राजीव और मेनका, दोनों में विकल्प तो एक ही चुनना था। अगर दोनों साथ होते, तो इस पावर-गेम में कांग्रेस टूट भी सकती थी। इंदिरा गांधी ने अपनी समधन और दोस्त अमतेश्वर आनंद को घर आने से मनाही कर दी। अब मेनका ही उनके घर जाकर रोज़ मिलती थी।

राजीव गांधी ज़बरदस्ती राजनीति में धकेल दिये गए थे। जब वह अमेठी से चुनाव लड़ने गए, तो वहाँ के राजकुमार संजय सिंह उनके साथ रहते। पत्रकारों ने इस नौसिखिये और राजनीति में शून्य राजीव को घेरना शुरू किया। उनसे कुछ भी पूछा जाता, वह एक ही जवाब देते— 'मैं आपको क्यों बताऊँ?' लगभग पंद्रह सवालों का उन्होंने लगातार यही उत्तर दिया।

एक पत्रकार ने अंत में पूछा, "पंजाब के विषय में आप क्या सोचते हैं?"

राजीव ने कहा, "मैं आपको क्यों बताऊँ?"

"क्योंकि यह राष्ट्रीय मुद्दा है।"

"तो मम्मी से पूछिये...मेरा मतलब है प्रधानमंत्री जी से पूछिये।"

अगले दिन अख़बारों में हेडलाइन छप गयी— 'मम्मी से पूछिये!'

यह ख़बर सिद्ध कर रही थी कि राजीव को राजनीति और देश के मुद्दों का कोई ज्ञान नहीं। वह पार्टी की बागडोर संभालने के लिये बिल्कुल ही अयोग्य थे। लेकिन, वहीं दूसरी ओर अमेठी की जनता को राजीव गांधी का भोलापन भा गया था। राजीव और संजय में जो स्पष्ट अंतर था, वह गाँवों में रहने वालों से भी

छुपा नहीं था। संजय एक दबदबे और रौब के साथ गाँव आते थे, जबकि राजीव गाँव वालों को चुपचाप सुनते थे। शायद यही वजह थी कि राजीव बहुत जल्द गाँव वालों के लिये 'राजीव भैया' बन गए। जब वह अमेठी में थे, तो गाँव की कुछ झोपड़ियों में आग लग गयी। राजीव को लखनऊ निकलना था, लेकिन ऐसी स्थिति में कैसे जाते? वह गाड़ी लेकर उन झोपड़ियों में पहुँच गए और एक-एक घर में बारी-बारी से जाकर उनसे बात की, उनके कंधे पर हाथ रखा। ये संजय गांधी ने कभी नहीं किया था। ये गरीब लोग थे, जिनके कंधे पर किसी नेता ने कभी हाथ नहीं रखा था। राजीव के लिये यह चुनाव तो एक आसान एकतरफा जीत थी, लेकिन पहली बार यह युवराज ज़मीन पर उतरा था और देश की गरीबी को इतने क़रीब से देख रहा था। यह प्रश्न ज़रूर उठता है कि इस गरीबी को देख कर आख़िर किया क्या? क्या अमेठी की गरीबी मिट गयी?

राजीव के सांसद बनने के बाद वही सास-बहू कथाएँ मिलती है। संजय की मृत्यु के कुछ महीने बाद सभी नैरोबी घूमने गए। राजीव के परिवार को डिप्लोमैटिक पासपोर्ट मिल गया, लेकिन मेनका गांधी को साधारण पासपोर्ट की लाइन में आना पड़ा। उन्होंने इसका मुद्दा बनाया कि राहुल और प्रियंका भी डिप्लोमैटिक पासपोर्ट पर गए और वह उनकी आया की तरह साधारण पासपोर्ट पर? हालांकि जब पिता को डिप्लौमैटिक पासपोर्ट मिलता है, तो बच्चों को मिलता ही है। मेनका किसी संवैधानिक पद पर थी नहीं, इसलिये नहीं मिला। राजीव अमेठी से सांसद बन गए थे।

इंदिरा गांधी ने संतुलन बनाने का प्रयास किया। उन्होंने मेनका गांधी को अपना निजी सचिव बनाया और अपने कार्यों में योगदान लिया। एक चौबीस साल की युवती के लिये प्रधानमंत्री के कार्यों को क़रीब से देखना एक बेहतरीन इंटर्नशिप थी। राजीव सांसद होकर भी राजनैतिक गतिविधियों से दूर ही थे। सोनिया गांधी को इस बात से परेशानी होने लगी। उन्हें लगा कि मेनका का कद बढ़ गया, तो उनके पति की कोई हैसियत ही नहीं रहेगी।

इस परिवार में एक बात यह भी थी कि लोग चिट्ठियों से बतियाते थे। यह आज के ज़माने के ईमेल जैसी बात है। आप सामने प्रेम से बात करेंगे, लेकिन ईमेल पर अपनी भड़ास निकालेंगे। सोनिया भी इंदिरा को चिट्ठी लिखने लगी कि

मेनका को निजी सचिव बनाना ठीक नहीं। मेनका को घर में किनारे किया जाने लगा। औपचारिक भोजों पर भी पूरा परिवार साथ बैठता, लेकिन मेनका को अलग स्टाफ़ लोगों के साथ बिठा दिया जाता। यह कह कर कि राजीव सांसद हैं तो विदेश प्रतिनिधियों के साथ बैठेंगे, जबकि मेनका सचिव है तो ऑफिस के लोगों के साथ बैठें।

वहीं, वरुण के साथ कोई सौतेला व्यवहार नहीं था। बल्कि, वरुण तो इंदिरा गांधी के कमरे में ही सोता। शायद इसलिये कि आख़िर वह संजय का ख़ून था। इन बातों का मेनका पर प्रभाव पड़ना ही था। लेकिन वह किससे कहती? मेनका के पास धन की कमी नहीं थी, लेकिन वह कांग्रेस पर अपनी पकड़ नहीं खोना चाहती थी। दूसरी बात यह भी थी कि उन्हें वरुण के भविष्य की चिंता थी। उन्हें लगता कि भले उनके साथ सौतेला व्यवहार हो, लेकिन वरुण का राजनैतिक करियर इंदिरा गांधी के कारण बेहतर ही होगा।

उन दिनों मेनका गांधी की सबसे अच्छी सहेली बनी वसुंधरा राजे सिंधिया। वह नियमित घर पर आती और संभव है कि मेनका अपनी बातें उन्हें बताती। यह बात आगे और पुख़्ता हुई, जब एक बड़ी डील हुई।

कैम्प भी बनने लगे थे। राजीव के इर्द-गिर्द उनके दून स्कूल के दोस्त जमा होने लगे थे और मेनका के आस-पास संजय गांधी के युवा कांग्रेसी लठैत।

मीडिया में इन कैम्पों को कहा जाता-Doons vs Goons

गांधी बनाम सिंधिया

इंदिरा गांधी के घर में बग़ावत तो शुरू हो चुकी थी। क़दम संभाल कर रखे जा रहे थे। लेकिन, गांधी परिवार में सेंध किसने लगायी, इसके लिये दिल्ली से दूर चलना होगा, ग्वालियर।

गांधी-नेहरू वंश ने अगर आज़ादी के बाद कूटनीति का स्कूल स्थापित किया, तो ग्वालियर का सिंधिया परिवार तो यह खेल आज़ादी के पहले से खेल रहा था। सियासत में वे कहीं आगे थे। यह उनके ख़ून में है। यही वजह है कि तमाम रजवाड़े ढह गए लेकिन यह रियासत आज भी सियासत में अपने पैंतरों से पीढ़ी-दर-पीढ़ी पकड़ बनाए हुए है।

आज (2020) की राजनीति समझने के लिये हमें छह दशक पीछे लौटना होगा। ग्वालियर राजपरिवार हिंदू महासभा को शह देता रहा था। ज़ाहिर है कांग्रेस से उनका बैर था, लेकिन खुल कर कहते नहीं थे क्योंकि अंग्रेज़ अब चले गए थे। अब सत्ता में जवाहरलाल नेहरू थे। अगर ग्वालियर-गुना इलाकों पर कांग्रेस को पकड़ बनानी थी, तो सिंधिया परिवार को अपने खेमे में करना ही था। महात्मा गांधी की हत्या के बाद हिंदू महासभा पर शिकंजा कसा गया था और सिंधिया परिवार अब चोरी-छुपे ही उन्हें आर्थिक मदद दे सकता था। महाराज जीवाजीराव सिंधिया ने बहाना बनाया कि वह राजनीति में रुचि नहीं रखते, इसलिये कांग्रेस से नहीं जुड़ सकत। लेकिन राजमाता भी तो थीं।

1956 में जब महाराज बंबई (अब मुंबई) में थे, राजमाता पंडित नेहरू से मिलने दिल्ली पहुँच गयी। अब बात जो भी हुई हो, लेकिन गोविंद बल्लभ पंत और लाल बहादुर शास्त्री ने उनके सामने ऑफ़र रख दिया। महाराज नहीं लड़ सकते, लेकिन वह तो चुनाव लड़ सकती हैं? ग्वालियर से न सही, गुना से लड़ लें। राजमाता विजयाराजे सिंधिया जैसे ही कांग्रेस की टिकट पर खड़ी हुईं, पूरा

क्षेत्र कांग्रेस के समर्थन में आ गया। यह वह ज़माना था, जब राजमाता एक पर्चे पर लिख कर दे देतीं कि इस प्रत्याशी को मेरा आशीर्वाद है, तो उसे जीतने से कोई नहीं रोक सकता था। ख़ुद खड़ी हो गयीं, फिर तो जलजला आना ही था। 1957 में गुना और 1962 में ग्वालियर से राजमाता लोकसभा चुनाव जीत गयीं। महाराज जीवाजीराव की 1961 में मृत्यु हो गयी थी।

उस वक़्त मध्यप्रदेश की राजनीति पर कांग्रेसी नेता द्वारिका प्रसाद मिश्र का दबदबा था। यह मान्यता है कि उन्हें इन राजघरानों से नफ़रत थी। 1966 के मार्च में एक भीषण रक्तपात हुआ। बस्तर महाराज प्रवीर चंद्र भंज देव को उनके 11 सहयोगियों के साथ जग्दलपुर के राजमहल की सीढ़ियों पर पुलिस ने मौत के घाट उतार दिया गया। पुलिस का कहना था कि वह आदिवासी-विद्रोह संचालित कर रहे थे (जो ठीक भी था)।

उसी साल सितंबर में ग्वालियर में छात्र आंदोलन हुआ और दो छात्र पुलिस की गोली से मारे गए। राजमाता को लगा कि जिस ग्वालियर में एक पत्ता भी उनकी मर्जी के बिना नहीं हिलता, वहाँ राज्य पुलिस ने गोली कैसे चला दी? उन्होंने कांग्रेस छोड़ने का मन बना लिया।

यही था देश की राजनीति का 'टर्निंग प्वाइंट' जिसे हम कई बार जेपी आंदोलन और वी.पी. सिंह की चर्चा में भूल जाते हैं। ग्वालियर की उस घटना ने दो दशकों से मौका ढूँढ रहे हिंदुत्व ब्रिगेड को जगा दिया। राजमाता अगर जनसंघ में आ जाएँ, तो पूरा समीकरण ही बदल जाएगा। संघ प्रचारक कुशाभाऊ ठाकरे मिलने गए और बात बन गयी। राजमाता 1967 में करेरा विधानसभा सीट से जनसंघ के टिकट पर और गुना लोकसभा सीट से स्वतंत्र पार्टी के टिकट पर चुनाव लड़ी। जीतना तो ख़ैर था ही।

उसके बाद राजमाता ने विपक्ष में बैठ कर ऐसी कूटनीति लगायी कि पहली बार कांग्रेस सरकार को जनसंघ ने पलटी दे दी। कांग्रेस के विधायकों को राजमाता ने तोड़ लिया और कांग्रेसी गोविंद नारायण सिंह (रीवा राज) को जनसंघ की तरफ़ मिला लिया। ग्वालियर राजमहल में बाग़ी विधायक वैसे ही रखे गए थे, जैसे आजकल रिसॉर्ट में घेर कर रखते हैं। सोए पड़े जनसंघ में जैसे ऊर्जा आ गयी।

1971 में राजमाता जनसंघ के टिकट पर गुना से चुनाव जीती। 26 वर्ष के माधवराव सिंधिया भी जनसंघ के समर्थन से भिंड सीट जीते और ग्वालियर से इस बार खड़े हुए थे चिर-जनसंघी अटल बिहारी वाजपेयी।

जनसंघ अब चिनगारी तो भड़का चुका था, लेकिन इसे दहक़ती ज्वाला में बदलना था। इसके लिये कोई ऐसा लीडर चाहिये था, जिस पर दाग़ न हो और जन-समर्थन हो। जैसे— जयप्रकाश नारायण? उसके बाद क्या हुआ, वह कहानी तो मैं अलग किताब में लिख चुका। अगर आप क्रोनोलॉजी में देखेंगे तो आज के भगवा राज की पूरी जड़ नज़र आ जाएगी।

उसी शृंखला में एक छोटी कड़ी थी इंदिरा गांधी के घर में फूट। टारगेट— मेनका गांधी?

उस फूट से पहले राजमाता का अपना घर ही टूट चुका था। मुक़ाबला बराबरी का था।

❑

वसुंधरा राजे मेनका गांधी से बस तीन साल ही बड़ी थी। उनका विवाह भी कम ही उम्र में हो गया था और दो साल बाद वह अपने पति से अलग हो गयी थी। दोनों इस मामले में अकेली थीं। राजनीति में तो उस समय यूँ भी महिलाएँ कम ही थी, सो दोस्ती जल्दी हो गयी।

मार्च, 1981 में फिरोज़ वरुण गांधी के पहले जन्म दिन पर वसुंधरा ने महरौली के अपने निवास पर बड़ी पार्टी रख दी। संजय की मृत्यु को एक साल भी पूरे नहीं हुए थे, इसलिये प्रधानमंत्री निवास पर ऐसा कोई आयोजन संभव नहीं था। लेकिन, मेनका कहीं और यह पार्टी कर लेगी, यह बात भी इंदिरा गांधी ने सोची नहीं थी। वह भी उनके विरोधी कैम्प की राजमाता विजयराजे की बेटी के घर में? हालांकि वसुंधरा तो नियमित उनके घर पर आती ही रहती थी। मेनका की दोस्ती कोई छिपी नहीं थी।

उन दिनों के एक और पात्र की बात करनी ज़रूरी है। धीरेंद्र ब्रह्मचारी 70 के दशक में दूरदर्शन पर योग कार्यक्रम करते थे। मूलत: वह बिहार के मधुबनी

जिले के बसैठ चानपुरा गाँव से थे। मिथिला तंत्र का केंद्र रहा है और इससे पहले भी जवाहरलाल नेहरू किसी मिथिला के हठयोगी के सम्पर्क में रहे थे। धीरेंद्र प्रधानमंत्री इंदिरा गांधी के योग-गुरु थे। दिल्ली के केंद्र में उनका विश्वायतन योगाश्रम था (अब मोरारजी देसाई योग संस्थान)। इसके अलावा जम्मू, कटरा और मानतलाइ में उनके आश्रम हुआ करते थे। मानतलाइ में तो 126 एकड़ का विशाल आश्रम था, जहाँ उनका अपना हवाई-अड्डा और चिड़ियाघर हुआ करता। वह अक्सर प्रधानमंत्री निवास पर ही नज़र आते। उनकी हैसियत इस हद तक थी कि एक बार आवास मंत्री इंदर कुमार गुजराल ने उनके आश्रम को अधिक ज़मीन देने से मना कर दिया, तो उन्होंने धमकी दी कि कल ही आप मंत्री पद से हटा दिए जाएँगे। गुजराल का विभाग वाकई बदल दिया गया।

धीरेंद्र की कई उपमाएँ हैं। कोई उनको सबसे सुंदर (और सेक्सी) धर्मगुरु कहता है, तो कोई भारत का रासपूतिन। ख़ुशवंत सिंह तो इसे अपने अफ़वाहबाज अंदाज़ में लिखते हैं, "धीरेंद्र ब्रह्मचारी एक सुंदर, लंबा बिहारी था, जो इंदिरा गांधी के साथ रोज़ बंद कमरे में एक घंटा बिताता था। मुमकिन है कि योगाभ्यास धीरे-धीरे कामसूत्र अभ्यास में बदल जाता होगा।" ऐसी किसी भी बात की पुष्टि नहीं होती, लेकिन यह सत्य है कि अपने पिता की मृत्यु के बाद इंदिरा गांधी अपने योग-गुरु पर विश्वास रखती थी। इमर्जेन्सी के समय धीरेंद्र काफ़ी ताकतवर हो गए थे और अपनी मनमानी करने लगे थे। जनता पार्टी सरकार ने तो उनके किसी बंदूक़ फ़ैक्टरी का भी पता लगाया और उन पर जाँच बिठायी। लेकिन, सरकार इतने कम समय रही कि कुछ ख़ास नहीं कर पायी।

इंदिरा गांधी 1980 में सत्ता में लौटने के बाद कुछ सचेत भी हो गयी थी और धीरेंद्र ब्रह्मचारी की मनमानियों से चिढ़ने लगी थी। पुपुल जयकर एक संस्मरण लिखती हैं कि "एक दिन धीरेंद्र ब्रह्मचारी प्रधानमंत्री आवास आए। पहले तो हाथ जोड़ कर प्रणाम किया। राजीव गांधी ने कुछ नाश्ता सामने रखा, जिसे उन्होंने चाव से खाया।

धीरेंद्र ने इंदिरा से कहा, 'शिक्षा विभाग में एक बहाली हुई है। वह ठीक नहीं हुई।'

इंदिरा ने पलट कर जवाब दिया, 'मुझे मत सिखाइए कि क्या सही हुआ और क्या ग़लत हुआ। मैं देख रही हूँ मेरे पीठ पीछे क्या चल रहा है। लोग संजय के नाम पर भ्रष्टाचार किए जा रहे हैं। यह अब मुझे बर्दाश्त नहीं।'

धीरेंद्र ने कहा, 'आप अब ज़्यादा कह रही हैं।'

इंदिरा ने टेबल ठोकते हुए कहा, 'मैं और भी बहुत कुछ कहूँगी। मैं अब नहीं रुकने वाली।'

धीरेंद्र ब्रह्मचारी आख़िर उठ कर चले गए। एक सत्य यह भी है कि जिस हवाई जहाज से संजय गांधी की मृत्यु हुई थी, वह धीरेंद्र ने ही दिलवाई थी।"

मेनका गांधी की गतिविधियों पर दो लोगों ने नज़र बना कर रखी थी। एक तो धीरेंद्र ब्रह्मचारी, दूसरे थे राजीव के दून स्कूल मित्र आर. के. धवन। वहीं, मेनका के सहयोगी थे संजय के दून स्कूल मित्र— अकबर 'डम्पी' अहमद। अकबर भी रईस व्यक्ति थे और कभी अफ़वाह उड़ी थी कि वसुंधरा राजे उनसे विवाह करने वाली हैं। हालिया (2020) जो कोरोना काल में बॉलीवुड गायिका कनिका कपूर वाली पार्टी ख़बरों में रही थी, वह अकबर की ही पार्टी थी। वहाँ भी वसुंधरा राजे और अन्य नेता आए थे। यह दोस्ती चालीस साल पुरानी है।

दिल्ली में अकबर के घर पर ही शायद वह डील हुई। मेनका गांधी और उनकी माँ अमतेश्वर आनंद ने फरवरी, 1982 में 'सूर्या' मैगज़ीन बेच दिया। ख़रीदना-बेचना तो चलता रहता है, लेकिन यह पत्रिका कांग्रेस की माउथ-पीस बनती जा रही थी। संजय गांधी और मेनका गांधी ने मिल कर इसमें कई पर्दाफ़ाश छापे थे। जगजीवन राम का तो करियर ही तबाह कर दिया था। यह पत्रिका आख़िर इंदिरा गांधी की भी तो पत्रिका थी, भले उनका काग़ज़ पर निवेश नहीं था। पत्रिका फली-फूली ही उनके वरदहस्त से थी। आख़िर वह इसे कैसे बेचने देती? वह भी उन लोगों को?

❑

मेनका गांधी की 'सूर्या' पत्रिका ख़रीद रहे थे, राजमाता विजयराजे सिंधिया के सचिव— सरदार सम्भाजी चंद्रोजी आंग्रे और डॉ. जैनेंद्र कुमार जैन। ये लोग राष्ट्रीय स्वयंसेवक संघ से जुड़े थे और राजमाता तो नयी-नवेली पार्टी 'भारतीय

जनता पार्टी' की संस्थापक उपाध्यक्ष ही थी।

राजमाता की इंदिरा से निजी खुन्नस भी थी। इमरजेंसी के समय विजयराजे सिंधिया को तिहाड़ जेल भेजा गया था। हालांकि उनके पुत्र माधवराव सिंधिया (भाग कर) नेपाल चले गए थे। नेपाल में उनकी बहन उषा राजे सिंधिया (शमशेर जंग बहादुर राणा की पत्नी) रहती थी। इमरजेंसी के बाद जब माधवराव लौटे, तो निर्दलीय चुनाव लड़ कर जीते। लेकिन, वह कांग्रेस के क़रीब आने लगे थे और 1980 में वह कांग्रेस पार्टी की टिकट पर चुनाव लड़े। वहीं राजमाता विजयराजे सिंधिया रायबरेली में इंदिरा गांधी के ख़िलाफ़ खड़ी हुई थी (और हार गयी थी)। तो एक तरह से इंदिरा गांधी ने उनके परिवार को तोड़ दिया था। अब राजमाता की बारी थी।

जिस तरह धीरेंद्र ब्रह्मचारी गांधी परिवार के रासपूतिन कहलाते रहे, सरदार आंग्रे सिंधिया परिवार के। मेनका गांधी ने इंदिरा गांधी को इस 'सूर्या' मैगज़ीन डील के बारे में बताया ही नहीं। जब यह मैगज़ीन बिक गया, तो धीरेंद्र ब्रह्मचारी ने नए मालिक जैनेंद्र कुमार को प्रधानमंत्री निवास बुलाया। वहाँ मेनका और वसुंधरा पहले से मौजूद थे। जैन के अनुसार वहाँ उनको पहले जम कर धमकाया गया, फिर राज्यसभा सीट ऑफ़र की गयी; अगले दिन पच्चीस लाख रुपए देने की बात हुई। लेकिन, वह मैगज़ीन वापस करने के लिये राज़ी नहीं हुए। इंदिरा गांधी ने धर्मगुरु माँ आनंदमयी देवी के माध्यम से भी प्रस्ताव भिजवाया। जैन इस बात पर अड़े रहे कि इंदिरा गांधी ख़ुद उनसे बात करे, यानी प्रधानमंत्री उनके सामने झुके। लेकिन, यह कभी हो नहीं पाया। जैन ने मैगज़ीन में एक ख़बर छाप दी कि मेनका गांधी को उनके घर में ही मरवाने की साज़िश चल रही है।

अगले महीने एक और धमाका हुआ। अकबर 'डम्पी' अहमद ने 28 मार्च को लखनऊ में कांग्रेस का एक सम्मेलन रख दिया, जिसमें संजय गांधी के समर्थक जमा होने वाले थे। इंदिरा गांधी इस गुटबाजी से उखड़ गयी। उस वक़्त कांग्रेसी नेता विश्वनाथ प्रताप सिंह उत्तर प्रदेश के मुख्यमंत्री थे, जिनसे संजय गांधी समर्थक नाराज़ चल रहे थे। इंदिरा गांधी ने इस सम्मेलन को मंज़ूरी नहीं दी, बल्कि अकबर को पार्टी से ही निकाल दिया। मूल बात यह भी थी कि ये लोग मेनका को आगे कर राजीव का विरोध करने वाले थे।

इंदिरा गांधी 25 मार्च को लंदन में थी, जब मेनका गांधी अपने बेटे वरुण के साथ जिम कॉर्बेट नैशनल पार्क के लिये निकली। पशु-प्रेमी थी तो यह कोई अजूबी बात नहीं थी। लेकिन, वहाँ अकबर 'डम्पी' अहमद उनका इंतज़ार कर रहे थे। मेनका ने इंदिरा गांधी के नाम एक चिट्ठी भेजी,

"मुझे उम्मीद थी कि आप मेरा मार्गदर्शन करेंगी, लेकिन आपने कुछ कहा नहीं तो मैं सोचने के लिये यहाँ चली आयी। अगर किसी तरह की कोई पार्टी-विरोधी गतिविधि चल रही है, तो मैं उसकी थाह भी ले लूँगी। मुझे उम्मीद है कि 28 मार्च के बाद सब ठीक हो जाएगा।"

27 मार्च को इंदिरा गांधी दिल्ली लौटीं और पत्रकारों को कहा, "लखनऊ में जो भी हो रहा है वह कांग्रेस-विरोधी गतिविधि है। यह आग आर. एस. एस. और भाजपा के लोग लगा रहे हैं।"

उस शाम मेनका गांधी लखनऊ पहुँच चुकी थी और वहाँ उनके समर्थक फूल-माला लिये खड़े थे, जबकि इंदिरा-समर्थक उनकी गाड़ी पर पत्थरबाजी कर रहे थे। सम्मेलन से ठीक पहले मेनका को इंदिरा गांधी की चिट्ठी मिली— "तुम्हें मुझमें और इस सम्मेलन में एक चुनना है। अगर तुमने सम्मेलन में भाग लिया, तो मेरे घर के दरवाज़े तुम्हारे लिये बंद हैं।"

एक्जिट मेनका

लखनऊ सम्मेलन तो ख़ैर क्या था? मुश्किल से डेढ़-दो हज़ार लोग एक छोटे हॉल में जमा थे। वहाँ इंदिरा गांधी और संजय गांधी के पोस्टर लगे थे। 'इंदिरा गांधी की जय' और 'संजय गांधी अमर रहें' के बैनर लगा दिये गए थे। शायद यह जताने के लिये कि वे इंदिरा-विरोधी नहीं हैं। मेनका गांधी ने अपना भाषण दिया-

"मुझ पर संघी होने का आरोप लगा है। क्या आपको लगता है कि संजय गांधी की पत्नी कभी आर. एस. एस. से हाथ मिलाएगी? मुझे गर्व है कि मैं गांधी-नेहरू परिवार से हूँ और हम सबको मिल कर प्रधानमंत्री जी का हाथ बँटाना चाहिये।"

वहाँ यह निर्णय हुआ कि हर जिले में संजय विचार मंच की स्थापना होगी जो उनके पाँच सपनों को पूरा करने का काम करेगी। संजय गांधी के पाँच सपने थे— जनसंख्या-नियंत्रण, दहेज-उन्मूलन, साक्षरता, वृक्षारोपण और झुग्गी-झोपड़ी का अंत।

29 मार्च, 1982

लखनऊ सम्मेलन के ठीक अगले दिन इंदिरा गांधी ने मेनका को अपने ऑफ़िस बुलाया और कहा, "तुम्हें घर छोड़ कर जाना होगा।"

"क्यों? मैंने क्या किया?", मेनका ने कहा।

"मैंने तुम्हें पहले ही कहा था कि मुझमें और सम्मेलन में तुम्हें एक चुनना है। तुमने मुझे नहीं चुना।", इंदिरा चिल्लायीं।

आर. के. धवन और धीरेंद्र ब्रह्मचारी भी वहीं खड़े थे।

"मुझे दो दिन का समय चाहिए। पैकिंग करनी होगी। जगह ढूँढनी होगी।", मेनका गिड़गिड़ायी।

"नहीं। तुम अभी निकल जाओ। अपनी माँ के घर ही तो जाना है। जगह क्या ढूँढना!"

मेनका ने अपना सामान बाँधा, एक ट्रक बुलवाया और सामान चढ़वाने लगी। इतने में पत्रकारों की भीड़ जुट गयी थी। सबके सामने यह ड्रामा चल रहा था।

धीरेंद्र और धवन मेनका का सामान रोकने आए कि वे चेक करना चाहते हैं। इंदिरा गांधी भी सड़क पर आकर लड़ने लगी। उनके बाल बिखरे थे और गुस्से से तमतमा रहीं थी। मेनका ने सामान जैसे-तैसे चढ़वा लिया।

"वरुण को भिजवा दीजिए। वह आपके कमरे में सो रहा है।" मेनका ने कहा।

"नहीं। वह मेरे पास ही रहेगा।" यह कह कर इंदिरा रोने लगी।

वरुण से इंदिरा जुड़ गयी थी। ख़ास कर संजय की मृत्यु के बाद वह उनके पास ही सोता था।

"अगर आप वरुण को नहीं छोड़ेंगी तो मैं यहीं अनशन पर बैठ जाऊँगी।"

शाम के 4.15 बज गए थे। इंदिरा और मेनका अलग-अलग कमरे में बैठ गए थे। धीरेंद्र और धवन वकीलों से बात कर रहे थे कि वरुण को कैसे रोका जा सकता है। उन्होंने समझाया कि यह संभव नहीं। वरुण पर मेनका गांधी का ही अधिकार रहेगा।

आख़िर 6 बजे मेनका के दोनों कुत्ते उनकी माँ के घर छोड़ दिये गए। उनका सामान भी 7:30 तक पहुँचा दिया गया। इस दौरान मेनका और इंदिरा संदेश-वाहकों के माध्यम से लड़ते रहे। आश्चर्यजनक रूप से राजीव और सोनिया इस पूरे मसले पर चुप थे। वे घर में ही मौजूद थे, लेकिन किसी का पक्ष नहीं ले रहे थे, या यूँ कहा जाए कि उनकी इस पूरी प्रक्रिया में मौन सहमति थी। 8 बजे राजीव गांधी पहली बार उठे और गाड़ी से वरुण के खिलौने छोड़ आए। उसके बाद एक टाइप की गयी चिट्ठी मेनका को दी गयी।

मेनका ने चिट्ठी का जवाब दिया,

"प्रिय मम्मी,

हमेशा की तरह आपने चिट्ठी किसी प्रेस स्टेटमेंट की तरह लिखी है। आपकी चिट्ठी में कई बातें ग़लत है। आपने मेरे द्वारा गंदी भाषा प्रयोग करने की बात की है, जो ग़लत है... संजय की मृत्यु के बाद से ही मुझ पर अत्याचार हो रहे हैं... मैं सम्मेलन में गयी ज़रूर थी, लेकिन मैंने आपके समर्थन में ही बोला। मुझे आप चिट्ठियाँ न लिख कर अपना प्यार देती, तो बेहतर होता... मेरा बेटा सदा आपका पोता रहेगा और आप भले मुझसे न मिलें, वह आकर मिलता रहेगा।

सदैव आपकी बहू

मेनका"

उसके बाद मेनका आँसू भरी आँखें लिये गाड़ी से निकल गयी, बाहर खड़े पत्रकारों ने तस्वीरें ली। मेनका अपनी माँ के घर न जाकर गोल्फ लिंक्स के एक होटल गयीं। शायद वह अपनी स्वतंत्रता साबित करना चाहती थी। आख़िर उन्हें भी तो 'मैडम' बनना था।

मेनका के पास पैसों की कमी नहीं थी। संजय गांधी ने अपने (गोरख)धंधों से पैसे ख़ूब जमा किए थे। उन पैसों से मेनका एक पशु अस्पताल बना रही थी। इसके अलावा इमरजेंसी के बाद 1978 में संजय गांधी ने मारुति टेक्निकल सर्विसेज़ के दस लाख रुपए से चार ट्रक खरीदे; और एक कंपनी बनायी 'राजधानी ट्रेडर्स'। 1980 तक बैंक लोन लेकर कुल 22 ट्रक ख़रीद लिये थे। ये ट्रक एक कांग्रेस (इंदिरा) सांसद चरणजीत सिंह को भाड़े पर दिये गए थे। उनकी कंपनी 'प्योर ड्रिंक्स' एक नया ड्रिंक बना रही थी— कैम्पा कोला। सनद रहे कि जब जनता पार्टी सरकार आयी तो उद्योग मंत्री जॉर्ज फ़र्नांडीस ने विदेशी कंपनियों 'कोका कोला' और IBM को देश से बाहर का रास्ता दिखा दिया था। जो 'प्योर ड्रिंक्स' भारत में कोका-कोला लेकर आयी थी, वही अब स्वदेशी 'कैम्पा कोला' बना रही थी। उस समय सलमान ख़ान मात्र 16 वर्ष के थे, जब आयशा (अब जैकी श्रॉफ की पत्नी) के साथ अंडमान में इसका विज्ञापन किया था। इस कंपनी से संजय गांधी की कंपनी को मासिक भाड़ा मिलता था। उनकी मृत्यु के बाद यह मेनका गांधी को मिलना था। लेकिन जब मेनका प्रधानमंत्री निवास से निकाली गयी, चरणजीत सिंह ने पैसे देने बंद कर दिये। संभव है कि इंदिरा गांधी के डर से भी ऐसा किया हो,

लेकिन कंपनी की हालत भी ठीक नहीं थी। आख़िर मेनका ने मुकदमा किया तो पैसे मिले। इससे पहले 'सूर्या' पत्रिका बेच कर भी कुछ पैसे मिले ही थे।

उसके बाद मेनका गांधी ने देश भ्रमण करना शुरू कर दिया। वह हर जगह संजय गांधी के पंचसूत्री कार्यक्रम की बात कर रही थी। कई युवा कांग्रेसी उन्हें 'मैडम' कह कर पुकारने लगे थे, जबकि यह शब्द इंदिरा गांधी के लिये सुरक्षित था। लेकिन, अधिकतर खेले-खिलाए कांग्रेसी इस युवती को घास नहीं दे रहे थे। उनको भी मालूम था कि संजय गांधी मर चुके हैं और शक्ति इंदिरा गांधी के पास ही है। फिर भी, वह कभी विनोबा भावे से मिलने नागपुर जाती, तो कभी कांग्रेस के वर्तमान प्रशासन की आलोचना करती। आख़िर मेनका गांधी ने वह किया, जो कभी अकल्पनीय था।

मेनका ने मार्च 1983 में 'राष्ट्रीय संजय मंच' नाम से पार्टी की घोषणा कर दी और कहा कि वह अगले चुनाव में अमेठी से राजीव गांधी के ख़िलाफ़ खड़ी होगी। जो संजय गांधी इंदिरा के दुलारे थे, आज मृत्यु के बाद उनके नाम की पार्टी उनके ही विपक्ष में खड़ी थी।

"तीन साल पहले मैं आपके मध्य बहू बन कर आयी थी। आज मैं एक विधवा बन कर आयी हूँ, जो तीन साल के बच्चे की माँ है; और जिसे उसकी सास ने घर से बाहर निकाल दिया है।"

एक सफेद साड़ी में अमेठी के गरीबों के मध्य खड़ी होकर जब मेनका ने यह कहा तो गाँव वालों की सहानुभूति उमड़ पड़ी। मेनका गांधी अगले चुनाव में राजीव गांधी को टक्कर देने के लिये खड़ी होने वाली थी। इसके जवाब में इंदिरा गांधी के मित्र मोहम्मद युनुस ने संजय गांधी एक किताब निकाली— 'सन ऑफ इंडिया'। उसमें मेनका पर अश्लील और बेबुनियाद कीचड़ उछाले गए। यह लिखा कि संजय के तिहाड़ जाने पर मेनका ने कहा, "अच्छा हुआ बास्टर्ड के साथ"। यह भी इल्ज़ाम लगा कि वह संजय की मृत्यु के बाद गुलछर्रे उड़ा रही हैं। यह इस हद तक था कि कांग्रेस सरकार होते हुए भी किताब को बैन करना पड़ा। लेकिन, मेनका पर दाग़ तो लग चुका था।

उससे पहले मेनका की ताकत आजमाइश भी फ़िल्मी अंदाज़ में हो गयी।

हुआ यूँ कि 1982 में कांग्रेस महासचिव राजीव गांधी एक निजी दौरे पर बेगमपेट (आंध्र प्रदेश) पहुँचे। वहाँ जैसे ही वह हवाई अड्डे पर उतरे तो देखा कि मुख्यमंत्री अंजय्या अपने पूरे मंत्रिमंडल के साथ फूल-माला लिये खड़े हैं। चापलूसी की यह इंतहा देख कर राजीव भड़क गए और उन्हें बेवकूफ़ों की टोली कह दिया। बिचारे अंजय्या उम्रदराज़ व्यक्ति थे और यूँ भी मैडम की ही सत्ता चलती आ रही थी। उनको राजीव का गुस्सा समझ नहीं आया। राजीव ने दिल्ली लौट कर अंजय्या को मुख्यमंत्री पद से हटाने की बात कह दी।

अंजय्या ने कहा, "मैं तो मैडम की कृपा से ही मुख्यमंत्री बना था। अब उनके आदेश पर पद त्यागता हूँ।"

उनके मंत्रिमंडल में ही एक युवा नेता थे, जिनको यह जिल्लत हजम नहीं हुई, या यूँ कहिए कि उन्होंने इसे तेलुगु स्वाभिमान का मुद्दा बना लिया। उन्होंने और उनके ससुर ने। नाम तो सुना ही होगा इस ससुर-दामाद जोड़ी का। एन. टी. रामा राव और एन. चंद्रबाबू नायडू। उन्होंने मिल कर एक पार्टी बना ली-तेलुगु देशम पार्टी।

इन सबसे बेख़बर इंदिरा गांधी ने दिसंबर, 1982 में आंध्र और कर्नाटक में समय से पहले ही चुनाव की घोषणा कर दी। दोनों ही राज्यों में उनकी ही सरकार दशकों से रही थी, फिर भी। उनको यह साबित करना था कि राजीव गांधी में दम है। अंजय्या को तो यूँ भी मुख्यमंत्री पद से हटाया ही जा रहा था, कर्नाटक में भी एक भ्रष्ट मुख्यमंत्री थे गुंडु राव। उनको सब गुंडा राव बुलाते थे। इंदिरा की योजना थी कि दोनों जगह बड़ी जीत दर्ज कर एक मजबूत सरकार बनायी जाए और मेनका गांधी के बढ़ते समर्थकों को भी अपनी ओर खींचा जाए। एक और कारण यह था कि त्रिपुरा में चुनाव हो रहे थे और वहाँ कांग्रेस का हारना तय था। कम्युनिस्ट वहाँ आराम से जीतने वाले थे। कम से कम इन दो राज्यों की जीत से तो मनोबल बढ़ता।

NTR आंध्र के भगवान थे। दक्षिण भारत में अभिनेताओं के भगवान होने की परंपरा है और वह तो वाकई भगवान की भूमिका में आते थे। साठ साल के रामा राव ने 292 फ़िल्में की थी। उन्होंने ही नेताओं की रथ-यात्रा और 'रोड-शो'

का कॉन्सेप्ट लाया जो अब नरेंद्र मोदी और अन्य नेता प्रयोग में लाते हैं। एक शेवरोले गाड़ी को 'चैतन्य रथ' में परिवर्तित कर एन.टी.आर. पूरे राज्य में हाथ जोड़े घूमने लगे। हज़ारों लोग इस फ़िल्म-स्टार की एक झलक देखने के लिये पहले से खड़े मिलते। इनके सामने राजीव गांधी और इंदिरा गांधी की रैलियाँ तो फुस्स रहीं। हाँ! मेनका गांधी की 'संजय विचार मंच' से एन. टी. आर. ने चुनावी गठबंधन कर लिया।

रामा राव ने कांग्रेस को बुरी तरह हराया। उनकी पार्टी को 290 में से 201 सीटों में जीत मिली और कांग्रेस महज 60 सीटें जीत सकी। मेनका गांधी की पार्टी ने भी 5 में से 4 सीटें जीत ली। और तो और कर्नाटक में भी कांग्रेस हार गयी। वहाँ बची-खुची जनता पार्टी को खड़ा कर रामकृष्ण हेगड़े और एच. डी. देवगौड़ा ने चुनाव में जीत दर्ज की। भारत के पहले 'मिस्टर क्लीन' कहे जाने वाले हेगड़े राज्य के पहले ग़ैर-कांग्रेसी मुख्यमंत्री बने। त्रिपुरा में कम्युनिस्टों से हार के साथ ही कांग्रेस (इंदिरा) चारों खाने चित हो गयी। तमिलनाडु और बंगाल पहले ही कांग्रेस के हाथ में नहीं थे, अब से दो और बड़े राज्य हाथ से गए। इंदिरा गांधी का एकछत्र राज अब ख़त्म हो रहा था और राजीव गांधी का तो कोई करिश्मा था ही नहीं। कांग्रेस पार्टी का मनोबल चूर हो चुका था और मेनका गांधी का मनोबल बढ़ रहा था।

इस मध्य दिल्ली में एक खेल और हुआ था।

अप्पू

"अथ स्वागतम् शुभ स्वागतम्; आनंद मंगल मंगलम्"

एशियाड, 1982 का गीत

(नरेंद्र शर्मा लिखित; पं. रविशंकर का संगीत)

अरविंद केजरीवाल जब 2014 में दिल्ली के मुख्यमंत्री बने, उससे पहले शीला दीक्षित पर कॉमनवेल्थ खेलों में घोटाले के आरोप लगे। उसके तीन दशक पूर्व भारत में एक और खेल महाकुंभ हुआ था— एशियन गेम्स, 1982. दोनों की तुलना इसलिये कर रहा हूँ क्योंकि इंदिरा गांधी की आंध्र-कर्नाटक में हार से पहले ही ये खेल आयोजित हुए थे। ऐसा विराट खेल आयोजन न पहले कभी हुआ था, न बाद में कभी हुआ। दिल्ली दुल्हन सी सज गयी थी और खेल का मास्कट 'अप्पू' हाथी भिन्न-भिन्न देशों के खिलाड़ियों का स्वागत कर रहा था। छह विशाल स्टेडियम बन रहे थे। खिलाड़ियों के ठहरने के लिये सैकड़ों एकड़ का एशियन गेम्स विलेज ही तैयार हो रहा था। ये काम राजीव गांधी ख़ुद आकर देख रहे थे। तीन सरकारी पाँच सितारा होटल और नौ निजी पाँच सितारा होटल बन रहे थे। कई छह-लेन फ्लाइओवर और ओवरपास बन रहे थे। हज़ारों नये टेलीफ़ोन लाइन लगे थे। एक-एक स्टेडियम के लिये विदेशी फ्लड-लाइट आदि लग रहे थे। सबसे विशाल स्टेडियम का नाम रख दिया गया— जवाहरलाल नेहरू स्टेडियम। इस तरह दुनिया का तीसरा सबसे बड़ा इनडोर-स्टेडियम बना। इस पूरे ताम-झाम में कॉन्ट्रैक्टरों और छुटभैये नेताओं ने कितना कमाया होगा, इसका अंदाज़ा नहीं। इंदिरा ने एक ख़ूबसूरत इंडिया तो तैयार कर दिया था, लेकिन इन्हीं स्टेडियमों के इर्द-गिर्द उन मज़दूरों की झुग्गियाँ भी लग गयी थी, जो दिन-रात इस काम में लगे थे। अधिकतर मज़दूरों को एजेंट दक्षिण भारत से बहला-फुसला कर लाए थे।

दरअसल खेल की मेज़बानी की सूचना 1976 में ही मिल गयी थी। काम भी शुरू हुआ, लेकिन इंदिरा गांधी ही हार गयी। फिर तीन साल तक जनता पार्टी सरकार ने एक ईंट तक नहीं लगाया। वे तो इंदिरा गांधी से बदला लेने और बाद में, आपस में लड़ने में ही व्यस्त रहे। जब इंदिरा गांधी वापस लौटी तो खेल का काम शुरू किया, लेकिन वक़्त दो साल से भी कम था। ऐसी हालत में मज़दूरों को किन हालातों में काम कराया गया होगा, यह बताने की ज़रूरत नहीं। डेडलाइन निपटाने के फेर में इमारतें किसी ताश-महल की तरह खड़ी की जा रही थी। लगभग 4000 करोड़ रुपए ख़र्च किए गए और मिला क्या? मिली देश को अंतरराष्ट्रीय अख़बारों में जगह। भारत की तारीफ़ ख़ूब हुई। लेकिन स्वर्ण मेडल मिले 196 में मात्र तेरह। भारत में खेल का माहौल ही यही था, तो क्या मिलता! स्टेडियम तो अब जाकर खड़े किये गए थे।

सबसे बुरी हार मिली पुरुष हॉकी में, जहाँ भारत पाकिस्तान से भी हार गया। इस खेल में इंदिरा गांधी, राजीव गांधी, ज्ञानी जैल सिंह आदि सभी मौजूद थे। आख़िर यह भारत-पाकिस्तान का मैच था और खेल भारत में हो रहा था। पूरा भारत रेडियो पर कमेंट्री सुन रहा था। भारतीय कप्तान जफ़र इकबाल एक अख़बार रिपोर्ट में याद करते हैं कि उस मैच में कुछ भी ठीक नहीं हो रहा था। पाकिस्तान बड़ी आसानी से गोल पर गोल दागे जा रहा था। भारत 7-1 से यह खेल हार गया। उसके बाद अफ़वाहें शुरू हुई। किसी ने ख़बर छापी कि टीम के गोलकीपर को पाकिस्तानी दूतावास से निकलते देखा गया था। किसी ने कहा कि लाखों रुपए की रिश्वत ली है। उनको खलनायक ही बना दिया गया और वह भारत से कभी नहीं खेल सके। उनका नाम था— मीर रंजन नेगी, जो बाद में एक बेहतरीन हॉकी कोच बने और उन पर बॉलीवुड फ़िल्म बनी— चक दे!

फिर भी, यह आयोजन महत्व रखता है। आख़िर पहले एशियाड खेल की शुरुआत स्वयं पंडित नेहरू ने की थी। तो इसे ज़ारी रखने का ज़िम्मा भारत पर तो था ही। लेकिन, खेल ख़त्म होते ही इन तमाम इमारतों और स्टेडियम का क्या हुआ? यह कई सरकारी कर्मचारियों का आवास बन गया। और क्या होना था!

एशियन गेम्स के साथ ही भारत में एक और चीज़ आयी-कलर टेलीविजन।

पहली बार किसी कार्यक्रम का रंगीन टेलीकास्ट होने वाला था। दूरदर्शन के

पास न उस समय कलर कैमरा थे, न तकनीक। कवरेज हो तो कैसे हो? फिर एक टीम को विदेशों में प्रशिक्षण लेने भेजा गया। जवाहरलाल नेहरू स्टेडियम और इंद्रप्रस्थ इनडोर स्टेडियम में रंगीन कैमरे लगाए गए। बाकी मैदानों में ब्लैक-ऐंड-वाइट टेलीकास्ट ही चला। लेकिन, भारत में तो कलर टेलीविजन थे ही नहीं! ये भी लोगों ने विदेश से मंगवाए। सिर्फ एशियन गेम्स के समय पचास हज़ार रंगीन टेलीविजन इम्पोर्ट किए गए। साल के अंत तक लगभग एक लाख कलर टेलीविजन भारत आ गए।

मेनका गांधी जब 1983 में अमेठी पहुँची, तो अपना अब तक का सबसे लंबा भाषण दिया। उन्होंने कहा,

"...एक हज़ार करोड़ इस खेल में लगा दिए गए। देश में लाखों गरीब भूखों मर रहे हैं। क्या यह ठीक है?"

अमेठी की जनता समवेत स्वर में चिल्लाई, "नहीं!"

मेनका अब धीरे-धीरे इंदिरा गांधी की ही छवि में ही देखी जा रही थी। यिन-यैन्ग की तरह। लेकिन, दोनों तलवारों की म्यान अलग थी। मेनका की भाषा, बोलने का ढंग, नफ़ासत और लोगों पर इमोशनल अत्याचार करना इंदिरा गांधी से मिलता था। जैसा पहले लिखा है कि उन्हें भी 'मैडम' बुलाया जाता। अब अगर लोग 'मिसेज गांधी' की भी चर्चा करते, तो लोग पूछते कि 'कौन सी वाली?'

मेनका सम्भवतः अगला चुनाव जीत भी जाती, लेकिन 1984 के अक्तूबर में कुछ ऐसा हुआ जिसने सभी समीकरण बदल कर रख दिये।

खंड-2
ब्लू स्टार

इंदिरा गांधी की हत्या

31 अक्तूबर, 1984

सर्दियों के आग़ाज़ में कुछ वक़्त था, लेकिन सफ़दरजंग रोड पर लगे मेक्सिकन रेशम पेड़ों के पत्ते सुर्ख़ हो चले थे। यह प्रधानमंत्री इंदिरा गांधी के व्यस्त जीवन की एक आम सुबह थी। वह देर रात भुवनेश्वर से चुनाव प्रचार बीच में छोड़ कर लौटी थीं। उस दिन राहुल-प्रियंका की कार दुर्घटना हुई थी, तो वह डर गयी थी। उन्हें पहले भी धमकियाँ मिलती रही थी। सुबह चार बजे तक उन्हें नींद नहीं आयी। बहू सोनिया ने देखा कि वह अस्थमा की दवाएँ टटोल रही हैं। सुबह नाश्ते के बाद निजी चिकित्सक डॉ. माथुर ने जाँचा कि सब ठीक है।

हॉलीवुड अभिनेता पीटर उस्तिनोव उनके पीछे भुवनेश्वर से पड़े थे कि एक आइरिश टेलीविज़न शो के लिए साक्षात्कार लेना है। योजना थी कि सुबह सवा नौ बजे प्रधानमंत्री कार्यालय में साक्षात्कार हो जाएगा। निवास से 1, अकबर रोड कार्यालय साथ ही लगा हुआ था। दोनों के मध्य बाड़ लगे थे और एक छोटा दरवाज़ा था।

इस टेलीविज़न साक्षात्कार के कारण प्रधानमंत्री ने उस दिन काले बॉर्डर की केसरिया साड़ी पहन रखी थी, जो स्क्रीन पर फबे। उस दिन रोज़ सुबह लगने वाली जनता-दरबार भी नहीं लगी, जिसमें सुदूर प्रदेशों से लोग अपनी समस्या लेकर मिलते थे। उसी दोपहर उन्हें ब्रिटेन के पूर्व प्रधानमंत्री जेम्स कल्लाघन से मिलना था और ब्रिटिश राजकुमारी एन्ने के साथ रात्रिभोज भी था।

सुबह 9.10 बजे इंदिरा गांधी अपने आवास से निकली। हल्की धूप थी तो कॉन्स्टेबल नारायण सिंह एक छाता लिए उनके साथ चल रहे थे। साथ ही उनके सचिव आर. के. धवन भी थे। उनके सुरक्षा अधिकारी रामेश्वर दयाल, सलाहकार

जी. पार्थसारथी और कर्मचारी नाथू राम पीछे चल रहे थे। जैसे ही इंदिरा गांधी अपने आवास और ऑफिस के मध्य गेट पर पहुँची तो वहाँ ड्यूटी पर तैनात सब-इंस्पेक्टर बेअंत सिंह को देख मुस्कुराई।

तभी बेअंत ने अपना रिवॉल्वर निकाला और एक-एक कर तीन (कुछ रिपोर्ट के अनुसार पाँच) गोलियाँ चलायी। एक गोली रामेश्वर दयाल को भी लगी। इंदिरा गांधी ज़मीन पर गिर पड़ी, बेअंत सिंह ने आवाज़ दी, "सतवंत!"

वहीं पास खड़े कॉन्स्टेबल सतवंत सिंह ने अपनी स्टेन-गन की दनदनाती गोलियों से इंदिरा के शरीर को छलनी कर दिया। लगभग पच्चीस गोलियाँ चली, जिनमें कई छिटक कर आवास के छत पर भी जा लगी। घायल रामेश्वर दयाल उनको बचाने के लिए आगे बढ़े, लेकिन कुछ न कर सके।

इस हमले के बाद बेअंत सिंह ने अपनी वाकी-टॉकी वहीं बाड़ पर लटका कर अपने हाथ खड़े कर दिए और कहा, "हमें जो करना था, वह कर दिया; अब आपको जो करना है, कर लो।"

दोनों को पकड़ कर कार्यालय की पुलिस चौकी ले जाया गया। वहाँ ITBP के जवानों ने गुस्से में उन्हें पीटना शुरू किया और उन पर गोलियाँ चला दी। बेअंत सिंह वहीं ढेर हो गए। सतवंत सिंह को भी गोलियाँ लगी और बुरी तरह घायल हुए, लेकिन बाद में राम मनोहर लोहिया अस्पताल में उन्हें बचा लिया गया।

प्रधानमंत्री कार्यालय में उस वक़्त न कोई एंबुलेंस था, न ही कोई ढंग की चिकित्सा व्यवस्था। आर. के. धवन ने एक एम्बैसेडर कार पर इंदिरा के शरीर को लिटा दिया।

सोनिया गांधी घर से 'मम्मी! मम्मी!' चिल्लाती भागी आयी और वह भी गाड़ी में बैठ गयी। पीछे माखनलाल फोतेदार भी साथ चल पड़े। 9.32 बजे गाड़ी बिना किसी पूर्व सूचना के AIIMS में लग गयी। वहाँ जूनियर डॉक्टरों में खलबली मच गयी। सीनियर सर्जन दौड़े आए और तुरंत ऑपरेशन थिएटर ले जाया गया। प्रधानमंत्री को बीस से अधिक गोलियाँ लगी थी, जो लिवर, गुर्दों और कई धमनियों को भेद गयी थी। अस्सी बोतल ख़ून चढ़ाया गया, हृदय-फेफड़ा बायपास मशीन लगायी गयी; लेकिन प्रधानमंत्री तो अस्पताल आने से पहले ही दम तोड़ चुकी थी।

मेनका गांधी अपने बेटे वरुण के साथ पहुँची और कहा, "यह मैं क्या सुन रही हूँ? मम्मी नहीं रही?"

ऐसी कोई औपचारिक घोषणा तब तक नहीं हुई थी। आख़िर 2.20 बजे डॉक्टरों ने मृत्यु की गुप्त घोषणा की, जो बाहर BBC के पत्रकारों में लीक हो गयी।

उस समय दिल्ली से दूर कलकत्ता के पास हुगली डेल्टा में राजीव गांधी और वित्त मंत्री प्रणव मुखर्जी चुनाव प्रचार कर रहे थे। ख़बर मिलते ही वे इंडियन एयरलाइंस की जहाज पर सवार हुए। राजीव पायलटों के साथ कॉकपिट में बैठे थे, जब बी.बी.सी. रेडियो पर सुना कि प्रधानमंत्री नहीं रहीं। वे जब दिल्ली हवाई-अड्डे पहुँचे तो वहाँ अमिताभ बच्चन इंतज़ार कर रहे थे।

राजीव ने पूछा, "सोनिया और बच्चे सुरक्षित हैं? कैसी सुरक्षा व्यवस्था है?"

हवाई सफर में ही प्रणव मुखर्जी ने राजीव से कहा कि हमें अगला प्रधानमंत्री अभी के अभी बनाना होगा, अन्यथा माहौल बिगड़ सकता है। 6 बजे शाम को आकाशवाणी पर इंदिरा गांधी की मृत्यु की ख़बर प्रसारित की गयी। 6.45 में राजीव गांधी को राष्ट्रपति ज्ञानी जैल सिंह ने प्रधानमंत्री पद की शपथ दिला दी। 8 बजे रात को दूरदर्शन पर सलमा सुल्ताना ने समाचार पढ़ा, "आज सुबह प्रधानमंत्री इंदिरा गांधी पर हमले के प्रयास हुए, जिससे उनकी मृत्यु हो गयी।"

ठीक एक दिन पहले भुवनेश्वर में इंदिरा गांधी ने किसी पूर्वानुमान से अपने भाषण में कहा था, "...मुझे इस बात से फ़र्क़ नहीं पड़ता कि मैं जीयूँ या मरूँ; मेरे ख़ून का हर एक क़तरा इस देश पर क़ुर्बान होगा।"

जब इंदिरा गांधी को AIIMS लाया गया था, तो साथ लगे सफ़दरजंग अस्पताल में सर्जन स्वर्ण सिंह पर एक चपरासी चिल्लाया, "तुम हरामज़ादों ने मार दिया मैडम को"

स्वर्ण सिंह ने नर्स से पूछा, "यह मुझे गाली क्यों दे रहा है?"

नर्स ने कहा, "आपको मालूम नहीं? सिख अंगरक्षकों ने प्रधानमंत्री को गोली मार दी?"

जब स्वर्ण सिंह AIIMS की तरफ़ जाने लगे, तो राष्ट्रपति ज्ञानी जैल सिंह की गाड़ी पर पथराव शुरू हो गए थे। एक मोटरसाइकल जला दी गयी थी।

दिल्ली के लोग चिल्लाने लगे थे, "ख़ून का बदला ख़ून!"

राज करेगा खालसा

इंदिरा गांधी ने हत्या के दिन केसरिया साड़ी पहनी थी। सिखों में केसरिया रंग पवित्र है और बलिदान का द्योतक है। उनकी छोटी बहू मेनका भी सिख परिवार से थी। उनके द्वारा ख़ास चुन कर बनाए गए राष्ट्रपति ज्ञानी जैल सिंह भी सिख थे। जब उनकी लाश AIIMS में लायी गयी, तो उनके सहयोगी बूटा सिंह मौजूद थे। यहाँ तक कि जिन बेअंत सिंह ने उनकी हत्या की, उनके सिख चरमपंथियों से संबंध की ख़बर पहले से थी। उनको प्रधानमंत्री की सुरक्षा से हटाया जा रहा था, लेकिन स्वयं इंदिरा गांधी की इच्छा थी कि उन्हें नहीं हटाया जाए। फिर ऐसा क्या हुआ कि एक सिख ने इंदिरा गांधी की हत्या कर दी? यूँ तो इसका जवाब अधिकतर भारतवासी जानते हैं, लेकिन मैं इसकी तफ़्तीश में सिख इतिहास की ओर ले चलता हूँ।

सिख का अर्थ है शिष्य। इस पंथ की स्थापना गुरु नानक ने की। उनके समय और उनके पहले का भारत बँटा हुआ था। यहाँ उत्तर में मुसलमानों और राजपूतों का शासन था और कई आक्रांता पश्चिम से आते-जाते रहते थे। हिन्दुओं का समाज जातियों और पंथों में बँटा हुआ था। यूँ कहें कि भारत राष्ट्र की परिकल्पना स्थापित नहीं थी, बल्कि देश रियासतों, धर्मों और जातियों में बँटा हुआ था।

गुरु नानक पहले मुगल शासक बाबर (और आख़िरी लोदी शासक) के समय थे; सिखों के दसवें गुरु गोविंद सिंह औरंगज़ेब के समय। इस तरह सिखों का इतिहास मुगलों के इतिहास के समानांतर ही चलता है। इसे यूँ भी देखा जा सकता है कि सिखों के उदय का कारण कहीं न कहीं मुगलों का उदय भी है।

गुरु नानक से पहले कई संत हुए और सूफ़ी परंपरा भी सक्रिय हो रही थी। गुरु नानक पर इसका प्रभाव हुआ ही। उन्होंने दोनों धर्मों का सामंजस्य बिठाया और आलोचना की। इससे जन्म हुआ एकेश्वरवादी और जाति-विहीन पंथ का।

यूँ तो उनके विरोध हिंदुओं और मुसलमान, दोनों के रूढ़ पक्षों से थे, लेकिन

गुरु नानक स्वयं जन्मना हिंदू ही थे। जो भी हिन्दू उनके पंथ से जुड़ते गए, वे भी हिन्दुओं की नज़र में हिन्दू ही थे। इसे एक सनातन धर्म का पंथ मान लिया गया। जबकि मुसलमानों में इस तरह की व्यवस्था नहीं थी, कि सिखों को उनका पंथ मान लिया जाए। मुसलमान शासक-वर्ग में भी थे, तो द्वंद्व होने की संभावना अधिक थी। गुरु नानक की दस साल की यात्रा पूरे भारत से गुज़र कर सिंहल द्वीप (श्रीलंका) तक बतायी जाती है, लेकिन सिख धर्म का प्रसार मुख्यत: पंजाब तक की सीमित रहा।

अकबर के समय अमृतसर में सिखों को ज़मीन मिली, जहाँ गुरु अर्जुन देव ने हरमंदिर की स्थापना की। इसी मंदिर प्रांगण में गुरु नानक का आदि ग्रंथ 'गुरु ग्रंथ साहिब' भी रखा गया। इसके चार द्वार इस बात के द्योतक थे, कि यहाँ हर जाति के लोग आ सकते हैं। और सब मिल-बैठ कर लंगर खाते।

इसी के साथ दिल्ली की तख़्त से रंजिश भी शुरू हो गयी। 'तुजुक-ए-जहाँगीरी' में मुगल बादशाह जहाँगीर ने लिखा है,

"बेआस के किनारे एक अर्जुन नाम का हिंदू रहता है। वह भोले-भाले हिंदुओं और मुसलमानों को पकड़ कर अपना शिष्य बनाता है। वह ख़ुद को गुरु कहता है और तीन-चार पीढ़ियों से यह दुकान चला रहा है। अब समय आ गया है कि इनको इस्लाम क़बूल कराया जाए।"

इस तरह सिखों के पहले शहादत की शुरुआत दिल्ली के तख़्त-नशीन के हाथों स्वर्ण मंदिर में बैठे गुरु अर्जुन देव के साथ हुई। उनको लाहौर ले जाकर यातना दी गयी और उनकी मृत्यु हो गयी।

यह बात कहनी इसलिए ज़रूरी है क्योंकि भारतीय सेना द्वारा स्वर्ण मंदिर को घेर लेना और उस पर हमला करना इतिहास दोहराने जैसा देखा गया। इस समय दिल्ली की गद्दी पर मुग़ल बादशाह जहाँगीर नहीं, बल्कि जनता की चुनी नेता इंदिरा गांधी थी। लेकिन, यह भी ध्यान रहे कि अंदर गुरु अर्जुन देव नहीं, बल्कि एक सिख चरमपंथी भिंडरावाले हथियारों से लैस बैठे थे।

गुरु अर्जुन देव की शहादत के बाद ही सिख एक योद्धा पंथ में तब्दील हुए। गुरु गोविंद सिंह ने मुगलों से लड़ने के लिए एक पूरी फ़ौज ही तैयार कर ली। उन्होंने आनंदपुर साहिब में एक महासभा आयोजित की और सिखों में एक 'खालसा'

वर्ग बनाया। खालसा के साथ पाँच 'क' सदैव रहते— केश, कंघा, किरपान, कड़ा और कच्छा। हर खालसा 'सिंह' कहलाने लगे, युद्ध और बलिदान के लिए तैयार रहते। उनका नारा बना— 'राज करेगा खालसा!'

हालाँकि वे भारत पर उस वक़्त राज तो न कर सके, लेकिन औरंगज़ेब का जीवन दक्षिण में मराठा और पश्चिम में सिखों से लड़ते हुए ही गुज़र गया। उसके बाद मुगल सल्तनत ही क्षीण पड़ गयी। अफ़ग़ानी आक्रांता अहमदशाह अब्दाली जब भारत आया तो सिखों से भिड़ंत हुई। सिखों ने उसके लश्कर पर हमला कर दिया था। अब्दाली ने बदले में हरमंदिर और अकाल तख़्त को ध्वस्त कर दिया। प्रांगण के सरोवर में गाय काट कर फेंक दिए। अमृतसर का तख़्त ही वीरान हो गया।

सिख हार नहीं माने। उन्होंने फिर से स्वर्ण मंदिर को खड़ा किया और पुन: अपनी सेना तैयार की। आख़िर महाराजा रणजीत सिंह के समय राज करने का भी मौका मिला, जब कश्मीर से सिंध तक उनका साम्राज्य था और अफ़ग़ान शासक शाह शुजा से कोहिनूर हीरा भी उन्होंने हासिल कर लिया था। वह हीरा सदैव उनके साथ ही रहता, जिस पर बाद में अंग्रेज़ों ने क़ब्ज़ा कर लिया और रानी विक्टोरिया के हाथ कोहिनूर हमेशा के लिए चला गया।

गुरु गोविंद सिंह ने अपनी मृत्यु से पहले घोषणा कर दी थी कि सिखों का अगला गुरु कोई न होगा। अहमदशाह अब्दाली के बाद किसी ने स्वर्ण मंदिर को भेदने का प्रयास भी नहीं किया।

यह वो मनहूस साल था 1984, जब कुछ सिखों ने यह कहना शुरू किया कि हमें हमारे गुरु गोविंद सिंह मिल गए। यही वो साल था जब सदियों बाद स्वर्ण मंदिर पर गोलियाँ चलायी गयी और इसके बड़े हिस्से को ध्वस्त कर दिया गया।

लेकिन यह सब हुआ क्यों? भारतीय फ़ौज ने आख़िर ऐसा क्यों किया?

आर्य समाज से अकाली आंदोलन तक

हिन्दुओं से सिखों की कोई लड़ाई नहीं थी। दरअसल हिन्दू घरों से ही लोग सिख बनते। ख़ास कर लोग अपने बड़े बेटे को खालसा बनाते और बाकी परिवार हिन्दू ही रहता। इस कारण उनमें जाति-प्रथा भी देर-सबेर आ ही गयी। खत्री, जाट का वर्चस्व हुआ और मज़हबी सिख दलित या अछूत। यानी, गुरु नानक ने जिस कारण यह पंथ बनाया, वह कारण ही क्षीण पड़ने लगे। गुरु का भी अभाव था, हालांकि गुरु गोविंद सिंह के बाद बंदा बहादुर जैसे खालसा आए। लेकिन, प्रोटोकॉल की कमी होने लगी।

ऐसे समय में दयानंद सरस्वती के द्वारा 'आर्य समाज' की स्थापना ने सिखों का अस्तित्व संकट में लाया। दयानंद सरस्वती की इच्छा थी कि अब ये सभी सिख वापस हिन्दू धर्म और वेदों की तरफ़ लौटें। वहीं सिखों को लगा कि यह तो हमारा धर्म ही ख़त्म कर देंगे, उन्होंने पंजाब के लोगों को सिख बनाना शुरू किया। इस तरह हिंदुओं और सिखों में एक द्वंद्व शरू हुआ। अस्मिता का द्वंद्व।

अंग्रेज़ आए तो फूट भी डालने लगे। महाराजा रणजीत सिंह और उनके पंजाब को एक अलग रियासत का दर्जा था ही। सिखों को वे धीरे-धीरे अपनी फ़ौज में मिलाने लगे। आख़िर यह एक योद्धा पंथ था। ख़ुशवंत सिंह ने सिख इतिहास में लिखा है कि प्रथम विश्व युद्ध के अंत तक लगभग एक लाख सिख भर्ती कर लिए गए थे। यह समीकरण अच्छा चल रहा था और तभी जनरल डायर की एक बहुत बड़ी ग़लती ने सिखों को अंग्रेज़ों के ख़िलाफ़ खड़ा कर दिया। जालियाँवाला बाग के वीभत्स हत्याकांड के बाद पंजाब का राष्ट्रवाद भारतीय राष्ट्रवाद के साथ एक हो गया। इसकी शुरुआत पहले भी हो चुकी थी, लेकिन यह चरम-बिंदु था।

उस समय स्वर्ण-मंदिर के ग्रंथी अंग्रेज़ों के नियुक्त किए हुए भ्रष्ट महंत होते। मोहिंदर सिंह अपनी पुस्तक 'अकाली मूवमेंट' में लिखते हैं कि जनरल डायर को

सम्मानित कर सिख बनाने की भी क़वायद चल रही थी। जनरल डायर ने कहा कि वह बाल नहीं बढ़ाएगा और सिगरेट पीएगा। फिर भी वे मान गए कि धीरे-धीरे सिगरेट छूट जाएगी। जालियाँवाला बाग जैसे घृणित कांड के बाद भी डायर को अकाल तख़्त का समर्थन था। इसके अतिरिक्त ये महंत वेश्यालय और तमाम अश्लील गतिविधियों में भी लिप्त थे। इनका विरोध तो होना ही था।

सिखों का पुनर्जागरण हुआ और स्वर्ण मंदिर से इन भ्रष्ट ग्रंथियों को बेदखल किया गया। 1920 से 1925 तक सिखों ने आंदोलन किया और आख़िर एक कमिटी बनी-शिरोमणि गुरुद्वारा प्रबंधन कमिटी। इनको स्वर्ण मंदिर सहित 200 गुरुद्वारों का प्रबंधन मिल गया। यही स्थिति आज तक है। इनके प्रचार-प्रसार के लिए एक राजनैतिक दल भी तैयार हुआ— अकाली दल।

सिखों ने भारतीय स्वतंत्रता संग्राम में बढ़-चढ़ कर हिस्सा लिया और विदेशों से गदर आंदोलन भी संचालित हुआ। लेकिन, अंत में उनके साथ एक बहुत बड़ा धोखा हुआ। भारत का विभाजन सिखों की भूमि को चीर कर दो फाँक कर गया। मुसलमानों को पाकिस्तान मिल गया और सिखों को मिला बँटा हुआ पंजाब। उनकी राजधानी लाहौर और ननकाना साहिब (गुरु नानक की भूमि) पाकिस्तान में चली गयी, जबकि अमृतसर भारत में रह गया। उसके बाद जो ट्रेन भर-भर कर लाशें आयी, वह भी उनकी ही आयी। जबकि यह विभाजन तो हिन्दुओं और मुसलमानों को बाँटने के लिए हुआ था। हिन्दुस्तान और पाकिस्तान का।

इसी समय सुगबुगाहट होने लगी थी खालसा सिखों के अपने स्थान की— खालिस्तान!

आज़ाद पंजाब

आजादी के बाद जो सिख पाकिस्तान से लौट कर भारत आए, उनमें एक बड़ी जनसंख्या दिल्ली के शरणार्थी कैम्पों में लायी गयी। उनकी संपत्ति लुट गयी थी। अब भारत में मात्र 2 % जनसंख्या वाला यह पंथ अपनी पहचान को लेकर सचेत हो रहा था। 1951 में जब जनसंघ का गठन हुआ तो पंजाब के कई हिंदू इसके सदस्य बने। सिखों का एक तबका इसे भी अपने विरोध में देखने लगा, कि कहीं भारत हिंदू राष्ट्र बन गया, तो उनकी अलग पहचान बच पाएगी?

1953 में जवाहरलाल नेहरू ने भाषाई आधार पर राज्यों के विभाजन की जब बात कही, तो अकाली दल ने पंजाब के विभाजन के लिए कहा। पंडित नेहरू ने कहा कि पंजाब का विभाजन संभव नहीं, क्योंकि यह हिंदी से मिलती-जुलती भाषा है। सिखों की यह इच्छा थी कि राज्य में गुरमुखी ही शिक्षा का माध्यम हो।

नेहरू जी पंजाब को बाँटने के सख़्त ख़िलाफ़ थे और उन्होंने संसद में कहा, "आप भाषाई नहीं, धार्मिक विभाजन की बात कर रहे हैं। भारत में ऐसा कोई भी विभाजन नहीं होगा।"

1955 से सिखों का आंदोलन उग्र होता गया। मास्टर तारा सिंह के नेतृत्व में रोज़ सुबह जत्था निकलता, जो पहले अकाल तख़्त को प्रणाम करते और फिर गिरफ़्तारी देते। वे लोग वहीं सामने हॉस्टल में जमा होने लगे, जहाँ आख़िर पुलिस रेड करनी पड़ी। 1961 तक मास्टर तारा सिंह का यह आंदोलन स्वर्ण मंदिर प्रांगण में पहुँच गया और वहीं से पंजाब सूबे की माँग होने लगी।

1961 के सेंसस में अधिकतर पंजाबी हिंदुओं ने अपनी मातृभाषा 'हिंदी' लिखी, पंजाबी नहीं। यह एक अलग ही मुद्दा बन गया कि हिन्दू सिखों का साथ नहीं दे रहे।

उसी साल 15 अगस्त को मास्टर तारा सिंह अनशन पर बैठे कि तब तक नहीं अन्न खाएँगे, जब तक पंजाबी सूबा नहीं बन जाता। नेहरू ने पंजाबी सूबा तो नहीं दिया, लेकिन फिर भी तारा सिंह ने अपना अनशन तोड़ दिया। उसके बाद तारा सिंह पर से सिखों का भरोसा टूट गया। बुजुर्ग तारा सिंह को अरदास (प्रण) से मुकरने के लिए स्वर्ण मंदिर में झाड़ू लगवाया गया और सेवाएँ करवायी गयी। अकाली दल में उनके विपक्षी फतेह सिंह नामक जाट नेता का उदय हुआ। उस समय से आज तक जाटों का वर्चस्व रहा ही है।

नेहरू ने तो मरते दम तक पंजाब विभाजन नहीं होने दिया, लेकिन इंदिरा गांधी ने 1966 में पंजाब को बाँट कर हरियाणा और हिमाचल प्रदेश राज्य बना दिए। चंडीगढ़ केंद्र शासित प्रदेश बना और पंजाब-हरियाणा की साझी राजधानी भी। सिखों को जो चाहिए था, वह मिल गया। सिख-बहुल पंजाब सूबा।

लेकिन, चंडीगढ़ को लेकर अब भी तकरार थी। चंडीगढ़ एक ख़ूबसूरत शहर है जिसकी प्लानिंग कारबूजियर ने 1951 में की थी। इसकी एक-एक सड़क, इमारत, बगीचे, चौराहे काग़ज़ से ज़मीन पर उतारे गए थे। नेहरू अमृतसर को राजधानी नहीं बनाना चाहते थे, क्योंकि अमृतसर भारत-पाक सीमा के काफ़ी क़रीब थी। इसलिए, चंडीगढ़ का निर्माण हुआ। लेकिन, पंजाब के विभाजन के साथ ही इस शहर के लिए खींच-तान शुरू हो गयी।

अब देखिए, सिखों में बलिदान का कितना महत्व है।

जब अकाली दल के नेता फतेह सिंह ढीले पड़ने लगे तो वयोवृद्ध स्वतंत्रता सेनानी दर्शन सिंह फेरुमन ने चंडीगढ़ के लिए आमरण अनशन का निर्णय लिया। उन्हें गिरफ़्तार किया गया तो वह जेल में ही 15 अगस्त, 1969 को अनशन पर बैठ गए। आख़िर अक्तूबर में उनकी मृत्यु ही हो गयी।

इसके बाद फतेह सिंह को लगा कि उन्हें भी बलिदान देना होगा। अकाल तख़्त के पास एक इमारत के ऊपर एक पाँच फीट चौड़े कड़ाही में तेल-किरासन भर कर डाला गया। वहीं फतेह सिंह आत्मदाह करने वाले थे। उनके शरीर को बाँधने के लिए ज़ंजीरें भी लगा दी गयी थी कि वह भाग न जाएँ। जब आख़िरी मुकाम

आया, तभी इंदिरा गांधी का संदेश आया कि चंडीगढ़ पंजाब को दिया जाता है! सिर्फ दो तहसीलें हरियाणा को देने की बात हुई।

यह प्रधानमंत्री का मास्टर-स्ट्रोक था। इस फ़ैसले से इंदिरा गांधी की जय-जयकार होने लगी और अकाली दल का प्रभाव घटता चला गया। इसके बाद दो और घटनाएँ हुई।

पहली तो 1971 युद्ध में इंदिरा गांधी का दुर्गा कहलाना और सिखों के बदौलत फ़ौज की शानदार जीत। उसके एक दशक बाद 1982 में भारत को पहला सिख राष्ट्रपति मिलना।

राष्ट्रपति बनते ही ज्ञानी जैल सिंह ने कहा, "अगर हमारी नेता झाड़ू लगाने भी कहती, तो मैं ज़रूर लगाता। उन्होंने तो मुझे राष्ट्रपति बनाया।"

कई वर्षों बाद इंदिरा गांधी की बहू सोनिया गांधी ने भी एक सिख को प्रधानमंत्री पद पर बिठाया।

ख़ालिस्तान

"पाकिस्तान से हमें क्या मिला? ठन ठन गोपाल!"

जगजीत सिंह चौहान,
खालिस्तान के स्वघोषित संस्थापक और राष्ट्रपति

पंजाब भारत के सबसे समृद्ध राज्यों में है। उस समय भारत के सार्वजनिक वितरण प्रणाली (PDS) का आधा अनाज पंजाब से ही आता था। अलगाववादी इसे पलट कर यूँ कहते कि सिखों की धरती का अनाज हिंदुओं के हिस्से जा रहा है। पंजाब के उद्योग भी हिंदुओं के हाथ में ही अधिक थे। तीन नदियों (सतलज, रावी, बेआस) का पानी, जिस पर पंजाब अपना हक़ समझता था; अब उसका एक हिस्सा हरियाणा के (हिन्दू) खेतों को सींच रहा था।

एक देश में अन्न और जल के बँटने पर विवाद भले बेतुका लगे, लेकिन भारत के राज्य इन मुद्दों पर लड़ते रहे हैं। उत्तर में भी, दक्षिण में भी। समस्या बढ़ जाती है, जब यह देश को धर्म के आधार पर विभाजन की दिशा में ले जाने लगता है।

'खालिस्तान' नाम पुराना है। 1940 ई. में ही जब पाकिस्तान का नाम उछलने लगा था, तो एक सिख चिकित्सक डॉ. वी. एस. भट्टी ने इस नाम से एक पर्चा छपवाया। उनके अनुसार आज का पंजाब (भारतीय और पाकिस्तानी हिस्से), बलूचिस्तान और सिंध के कुछ हिस्से, आज के हरियाणा और हिमाचल मिला कर एक सिख-बहुल देश बनता। उनके समर्थन में विदेश (कनाडा-अमेरिका) संचालित गदर पार्टी के गुरदीत सिंह भी थे। लेकिन, शिरोमणि गुरुद्वारा प्रबंधक कमिटी के मुखिया मास्टर तारा सिंह की इसमें सहमति नहीं थी।

खालिस्तान तो ख़ैर नहीं ही मिला, इसके उलट पंजाब ही बँट गया। उसके

बाद एक 'आज़ाद पंजाब' नाम की सुगबुगाहट चलती रही, लेकिन खालिस्तान नाम दब कर रह गया।

पंजाब के टांडा विधानसभा से एक दंत चिकित्सक जगजीत सिंह चौहान जब विधायक बने, तो उनके दिमाग में यह बीज पुन: अंकुरित हुआ। 1969 में वह चुनाव हारने के बाद लंदन चले गए और वहाँ से एक नया आंदोलन शुरू किया जिसका ध्येय था-खालिस्तान।

1971 में जब भारत के कारण पाकिस्तान का विभाजन हुआ, पाकिस्तान ने भी बदला लेने के लिए रणनीति बनायी। जगजीत सिंह चौहान उस वक़्त ननकाना साहिब (पाकिस्तान) आए थे, जहाँ याह्या खान से संभवत: मुलाकात हुई। वरिष्ठ पत्रकार शेखर गुप्ता को दिए साक्षात्कार में वह कहते हैं कि ज़ुल्फ़िकार अली भुट्टो ने वादा किया कि खालिस्तान देश बनेगा और राजधानी ननकाना साहिब ही बनेगी। उसी साल उन्होंने न्यूयॉर्क टाइम्स में खालिस्तान राज्य के लिए एक विज्ञापन दिया और सिखों से चंदा माँगा। रिपोर्ट के अनुसार लाखों डॉलर उनके एकाउंट में आने लगे। बाद में उन्होंने खालिस्तानी पासपोर्ट और मुद्रा तो छपवाई ही, भिन्न-भिन्न देशों में दूतावास भी खोले और स्वयं इस काल्पनिक देश के राष्ट्रपति बन गए।

उन दिनों भारत सरकार को भी यह अंदेशा हो रहा था कि सिखों को विदेश-संचालित अलगाववादियों द्वारा भड़काया जा रहा है। इसमें संवेदनशील पहलू यह था कि भारत की फ़ौज में सिखों का वर्चस्व था। अगर वे चाहते तो तख्ता-पलट भी कर सकते थे, हालांकि उन्होंने सदैव देश का झंडा बुलंद ही किया था। गुप्त निर्देश दिए गए कि सेना में सिखों की भर्ती की बजाय अन्य प्रांतों से भर्तियाँ की जाए। यह भी एक मुद्दा बन गया कि सिखों से उनका सबसे प्रिय कार्य ही छीना जा रहा है।

1973 में आनंदपुर साहिब में अकाली दल ने एक प्रस्ताव पारित किया। इसके तहत उनकी माँग थी— 'केंद्र का पंजाब पर नियंत्रण मात्र रक्षा, मुद्रा, सूचना और विदेश नीति तक सीमित हो। पंजाब एक स्वायत्त राज्य बने'। यह लगभग धारा 370 वाली शर्तें थी।

यह प्रस्ताव तो भारत सरकार कभी नहीं मानने वाली थी। एक कश्मीर ही भारी था, दो-दो कश्मीर कहाँ सम्भाल पाती?

हालाँकि अकाली दल अध्यक्ष संत लोंगोवाल ने कहा,

“मैं यह स्पष्ट कर देना चाहता हूँ कि हम सिखों की इच्छा भारत से अलग होने की कतई नहीं है। हम बस ये चाहते हैं कि हमें बिना किसी हस्तक्षेप के अपनी सिख संस्कृति जीने दी जाये। बेशक हमारी राष्ट्रीयता भारतीय ही होगी। हमें यह डर है कि जो हश्र बौद्ध और जैन धर्म का हुआ, वह हमारा न हो। हम हिन्दू धर्म का हिस्सा बन कर नहीं, बल्कि अलग सिख पहचान के साथ जीयें।”

लोंगोवाल ने यह कह कर चिनगारी जला दी थी। इसके बाद एक ऐसे संत आए, जिनकी वजह से पंजाब धू-धू कर जल उठा। संत जरनैल सिंह भिंडरावाले!

नया संत

एक सिख मित्र के घर में एक पोस्टर टँगी देखी, जिसमें एक खालसा सिख अपने एक हाथ में अपना सर और दूजे में तलवार लिए खड़े हैं। मालूम पड़ा कि यह बाबा दीप सिंह हैं। जब अहमद शाह अब्दाली ने स्वर्ण मंदिर पर आक्रमण किया था, तो यह आख़िरी दम तक लड़े। किंवदंती है कि सर कटने के बाद भी यह एक हाथ में अपना सर लिए लड़ते रहे। उन्होंने ही बनाया था— दमदमी टकसाल। सिखों का धार्मिक शिक्षा केंद्र टकसाल कहलाता है। दमदमी टकसाल का मुख्यालय अमृतसर से पच्चीस मील दूर चौक मेहता नामक जगह पर है।

सदियों बाद इसी टकसाल के शिखर पर आए जरनैल सिंह भिंडरावाले। यह भी एक इत्तेफाक था। उनके गुरु करतार सिंह 1977 में एक सड़क दुर्घटना में घायल हुए। जब डॉक्टरों ने कहा कि सर का ऑपरेशन करना होगा, उन्होंने अपने बाल कटवाने से मना कर दिया क्योंकि यह धर्म के विरुद्ध था। नतीजतन उनकी मृत्यु हो गयी और भिंडरावाले दमदमी टकसाल के गुरु बन गए।

लेकिन, कहानी बस इतनी नहीं थी। 1977 वह साल था जब इमरजेंसी ख़त्म हो रही थी और इंदिरा गांधी चुनाव हारने जा रही थी। पंजाब की राजनीति भी बदल रही थी।

कांग्रेसी नेता ज्ञानी जैल सिंह 1972 से 1977 तक मुख्यमंत्री रहे थे। इमरजेंसी के बाद जब चुनाव हुए तो पंजाब में अकाली दल और जनता पार्टी (मुख्यत: जनसंघी) की मिली-जुली सरकार बनी। अब संजय गांधी को इस सरकार को गिराना था।

ज्ञानी जैल सिंह ने मशविरा दिया कि संघियों को तोड़ना आसान नहीं, लेकिन अकाली दल टूट सकता है।

अकाली दल पर तीन लोगों का वर्चस्व था— मुख्यमंत्री प्रकाश सिंह बादल, संत हरचंद सिंह लोंगोवाल और गुरचरण सिंह तोहरा। लेकिन, इन्हें तोड़ना कठिन था। ज्ञानी जैल सिंह और संजय गांधी ने योजना बनायी कि एक नया सिख नेता खड़ा करना होगा, जो इन तीनों पर भारी पड़े।

जल्द ही संजय गांधी के गुर्गों को एक संत नज़र आये, जो घूम-घूम कर सिखों को अपने धर्म का पालन करने कह रहे थे। वह और कोई संत नहीं, जरनैल सिंह भिंडरावाले ही थे।

अब चाहिए था एक मुद्दा, जिससे कि भिंडरावाले लाइमलाइट में आएँ। और मुद्दा मिल गया! सिखों में एक पंथ है-निरंकारी पंथ। यह बाबा दयाल दास का बनाया एक पंथ है, जो पंजाबी व्यवसायियों में लोकप्रिय रहा है। अन्य सिखों को इनसे कई समस्याएँ थी। मसलन ये अपने गुरु की खड़ाऊँ पूजा करते थे, जबकि गुरु गोविंद सिंह ने कह दिया था कि उनके बाद कोई गुरु न होगा। सिखों ने एक हुक्मनामा निकाला कि निरंकारियों को सिख धर्म से अलग माना जाएगा।

13 अप्रैल 1978 को निरंकारियों का एक सम्मेलन अमृतसर में आयोजित होना था। चूँकि अकाली दल सरकार में थी, वह किसी सम्मेलन को धर्म के आधार पर मना नहीं कर सकती थी। निरंकारियों के जनसंघियों से भी अच्छे संबंध थे, जो सरकार की हिस्सा थी।

तभी भिंडरावाले पहली बार जनता के बीच दहाड़े, "हम यह सम्मेलन नहीं होने देंगे। हम उनका रास्ता रोक कर उनके टुकड़े-टुकड़े कर देंगे।"

भिंडरावाले और फौजा सिंह अपना दल-बल लिए सम्मेलन की तरफ़ निकले। रास्ते में 'निहंगों का बूंगा' के पास एक हिंदू हलवाई के हाथ भी काट दिए। वहाँ पहुँच कर फौजा सिंह ने निरंकारी गुरु बाबा गुरबचन सिंह के गले में तलवार लगा दी। उनके अंगरक्षक ने उसी वक़्त गोली चला दी और फौजा सिंह ढेर हो गए। उसके बाद तो दंगा छिड़ गया, जिसमें बारह सिख और तीन निरंकारी मारे गए।

कांग्रेस के मीडिया टीम ने भिंडरावाले को सिखों का नायक बना दिया। हालांकि फौजा सिंह की विधवा अमरजीत कौर के अनुसार भिंडरावाले कायरों की तरह भाग खड़ा हुआ था। अमरजीत कौर ने बाद में अपना अलग चरमपंथी

‘अखंड किर्तनी जत्था’ बना लिया और भिंडरावाले के ख़िलाफ़ रही।

भिंडरावाले को राजनैतिक पहचान देने के लिए अमृतसर के अरोमा होटल में एक खालिस्तान-समर्थक पार्टी ‘दल खालसा’ से मीटिंग करायी गयी। बीबीसी के मार्क टली के अनुसार इस मीटिंग का ख़र्च ज्ञानी जैल सिंह ने वहन किया था। अटकलें यह भी रही कि ज्ञानी जैल सिंह स्वयं खालिस्तान-समर्थक व्यक्ति थे और ऐसे पार्टियों से जुड़े थे।

भिंडरावाले की पार्टी को शिरोमणि गुरुद्वारा प्रबंधक कमिटी के चुनाव में खड़ा किया गया, लेकिन वहाँ अकाली दल के सामने वह पिद्दी साबित हुए। 140 में से बस चार सीटें जीत सके।

1980 में जब चुनाव हुए, तब भिंडरावाले ने कांग्रेस पार्टी के नेताओं के लिए चुनावी भाषण भी दिए। पंजाब कांग्रेस के अध्यक्ष आर. एल. भाटिया ने तो पोस्टर ही छपवा लिया कि भिंडरावाले हमारे साथ हैं।

एक और प्रत्याशी ने यह पोस्टर छपवाया था। वह थी संजय गांधी के ख़ास डी. आइ. जी. प्रीतम सिंह भिंडर की पत्नी। भिंडरावाले उस वक़्त उनके लिए चुनाव कैम्पेन कर रहे थे। अफ़वाह तो यह भी थी कि भिंडरावाले और इंदिरा गांधी एक ही मंच पर बैठे थे।

भिंडरावाले को यह नहीं मालूम था कि यही प्रीतम सिंह भिन्डर कुछ साल बाद पंजाब पुलिस चीफ़ बन कर उनका ख़ात्मा करेंगे!

निरंकारी

संत भिंडरावाले को कांग्रेस का बनाया भस्मासुर कहा जाता रहा है। जैसा पहले बताया कि संजय गांधी द्वारा ढूँढ कर उनको लाइमलाइट में लाया गया। लेकिन, वह भी एक बड़े खेल के मोहरे बन कर रह गए।

ज्ञानी जैल सिंह भारत के सबसे कम शिक्षित राष्ट्रपति भले थे, लेकिन वह पंजाब की नस-नस पहचानने वाले और कूटनीतिज्ञ व्यक्ति थे। धर्म के ज्ञान के कारण ज्ञानी और कई बार जेल जाने की वजह से जैल। इंदिरा गांधी को भी यह बात मालूम थी कि उनका पंजाब में कद बढ़ता जा रहा है। पंजाब के मुख्यमंत्री रहते हुए उन्होंने अकाली दल को काफ़ी हद तक हाशिए पर ला दिया था और स्वयं सिखों के हीरो बन गए थे। उन्होंने गुरु गोविंद सिंह के रास्तों को जोड़ कर गुरु गोविंद सिंह मार्ग बनाया। शहीद ऊधम सिंह की अस्थियाँ मंगवाई। खालिस्तानियों को भी ज्ञानी जैल सिंह में आशा की किरण दिख रही थी।

इंदिरा गांधी ने सत्ता के वापसी के बाद ज्ञानी जैल सिंह को दिल्ली बुला कर गृह मंत्री का पद दे दिया। यह एक सोची-समझी चाल थी जैल सिंह को पंजाब से हटाने की। बदले में उन्होंने जैल सिंह के विरोधी और धर्मनिरपेक्ष नेता दरबारा सिंह को मुख्यमंत्री बना दिया। दरबारा सिंह धार्मिक कट्टरता के ख़िलाफ़ थे और एक ऐसा पंजाब चाहते थे जहाँ हर धर्म के लोग ख़ुशी-ख़ुशी रह सके। ज्ञानी जैल सिंह को किसी भी तरह दरबारा सिंह की सरकार गिरानी थी। संत जरनैल सिंह भिंडरावाले को मोहरा बना कर यह संभव था।

शुरुआत हुई एक हत्या से। दरअसल, फौजा सिंह की हत्या के बदले से। निरंकारी गुरु हरबचन सिंह के दिल्ली मुख्यालय पर एक सिख रणजीत सिंह बढ़ई के तौर पर लग गए। एक रात जब हरबचन सिंह कार्यालय लौट रहे थे, उनको खिड़की से छुप कर रणजीत सिंह ने गोली से मार दी। रणजीत सिंह 'अखंड किर्तनी जत्था' के सदस्य थे।

गिरफ़्तार होने के बाद उन्होंने कहा, "मुझे कोई गिला नहीं, यह मैंने पंथ के लिए किया"।

रणजीत सिंह का केस लड़ने के लिए ख़र्च वहन दिल्ली गुरुद्वारा कमिटी के मुखिया संतोख सिंह कर रहे थे। वह भिंडरावाले के साथी थे और साथ-साथ इंदिरा गांधी से भी अच्छे संबंध थे!

हत्या के पीछे जब भिंडरावाले का नाम उछला, वह स्वर्ण मंदिर के पास के छात्रावास में छुप गए। गृह मंत्री जैल सिंह ने उनके बचाव में संसद में कहा कि भिंडरावाले का इस हत्या में कोई हाथ नहीं।

भिंडरावाले ने घोषणा कर दी, "जिसने भी निरंकारी गुरु को मारा, उसे अकाल तख़्त सम्मानित करेगी। मैं ख़ुद उसे सोने से तौलना चाहूँगा।"

मौत का सिलसिला

9 सितंबर, 1981 को अपनी फिएट गाड़ी में लाला जगत नारायण ('पंजाब केसरी' अख़बार के मालिक) पटियाला से जालंधर जा रहे थे। तभी एक एनफिल्ड बुलेट से उन पर गोली चलायी जाती है। गाड़ी के ड्राइवर बचने की कोशिश करते हैं, लेकिन पीछे बैठे 83 वर्षीय सांसद और एक प्रखर वक्ता जगत नारायण मारे जाते हैं। वह सिख-निरंकारी दंगे के वक़्त मौजूद थे और भिंडरावाले के ख़िलाफ़ गवाही दी थी। वह खालिस्तान का भी खुल कर विरोध करते रहे थे। इस बात पर सहमति थी कि हत्या भिंडरावाले ने ही करवायी।

मुख्यमंत्री दरबारा सिंह ने भिंडरावाले के लिए वारंट निकाल दिया। जब यह ख़बर आकाशवाणी पर प्रसारित हो रही थी, भिंडरावाले हरियाणा के चंदो कलाँ में प्रवचन दे रहे थे। उस समय हरियाणा के मुख्यमंत्री भजन लाल थे। भजन लाल तो 'आया राम गया राम' नेता कहे जाते थे। वह पहले जनता पार्टी के मुख्यमंत्री थे। जब इंदिरा गांधी सत्ता में आयी, वह कांग्रेसी बन गए। उनकी सरकार कायम रही, लेकिन उन्हें सिद्ध तो करना था कि वह अच्छे कांग्रेसी हैं।

बीबीसी के सतीश जैकब के अनुसार ज्ञानी जैल सिंह ने भजन लाल को फोन किया कि भिंडरावाले को गिरफ़्तार नहीं होने दे। भजन लाल ने चापलूसी में गाड़ी ही भिजवा दी। भिंडरावाले को भगा कर उन्हें सुरक्षित अपने गुरुद्वारा भेज दिया गया। जब पुलिस चंदो कलाँ पहुँचे, तो वहाँ कुछ नहीं मिला। उनके प्रवचन के काग़ज़ मिले, जिसे जला दिया गया। भिंडरावाले ने इसे एक मुद्दा बना दिया कि उनके गुरु के अक्षर जला दिए गए।

मेहता चौक गुरुद्वारा को पुलिस बल ने घेर लिया, जिसमें भिंडरावाले छुपे थे। दंगे का माहौल बनने लगा था। बीस सितंबर, 1981 को भिंडरावाले ने गिरफ़्तारी से पहले एक भाषण की शर्त रखी। उनके भाषण ने ऐसी आग लगायी कि पुलिस

को गोलियाँ चलानी पड़ी और बारह लोग मारे गए। वह जिस जेल गए, वहाँ भी शर्त रखी कि उनके आस-पास मात्र दाढ़ी वाले पक्के सिख पुलिस-कर्मी ही रहें। यह शर्त भी मान ली गयी।

तीन सिखों ने जालंधर में एक हिंदू बाजार में गोली चला कर चार हिन्दुओं को मार डाला। अगले दिन तरन-तारण में भी एक हिन्दू की हत्या हुई।

हद तो तब हुई जब 29 सितंबर, 1981 को एक इंडियन एयरलाइंस का हवाई जहाज हाइजैक कर लाहौर ले जाया गया। यह जहाज श्रीनगर से दिल्ली जा रहा था और पाँच खालिस्तान समर्थक सिखों ने चाकू की नोक पर हाइजैक कर लिया। उनकी माँग थी कि भिंडरावाले को छोड़ दिया जाए।

पाकिस्तान के राष्ट्रपति जिया-उल-हक़ ने एक नाटक भी प्रायोजित किया। कमांडो ऑपरेशन कर सभी यात्रियों को छुड़ाया गया, लेकिन हाइजैक करने वालों का भारत प्रत्यर्पण नहीं किया। ख़बरों के अनुसार उनको शाही ढंग से ननकाना साहब गुरुद्वारा में ठहराया गया। हाइजैक करने वालों के सरदार गजेंद्र सिंह खालिस्तानी आतंकवादियों को प्रशिक्षण भी देते रहे। उस समय पाकिस्तान में भारतीय राजदूत नटवर सिंह थे, जो बाद में विदेश मंत्री बने।

भिंडरावाले को गिरफ़्तार करना भारी पड़ रहा था। जो डी.आई.जी. उनको गिरफ़्तार करने चंदो कलाँ गए थे, उनके ऑफिस में बम-विस्फोट हो गया। वह बाल-बाल बचे।

14 अक्तूबर, 1981 को ज्ञानी जैल सिंह ने संसद में कहा कि भिंडरावाले पर कोई भी आरोप सिद्ध नहीं हो सका, इसलिए उनको रिहा किया जा रहा है। हद यह थी कि न्यायालय के निर्णय की प्रतीक्षा नहीं की गयी, न ही कोई पेशी हुई। गृह-मंत्री ने ही फ़ैसला सुना दिया और भिंडरावाले को छोड़ दिया गया। उसके कुछ ही दिन बाद चंडीगढ़ में एक निरंकारी आई.ए.एस. अफ़सर पर हमला हुआ, जिसमें उनके भाई की जान चली गयी।

एक नायक की तरह भिंडरावाले का स्वागत हुआ। अकाली दल भी खुल कर उनके समर्थन में आने लगी। वह अपने अस्सी समर्थकों के साथ राजधानी दिल्ली पहुँचे, जो बसों के छत पर हाथ में बंदूकें लहराते उनके पीछे चल रहे थे।

उनका काफ़िला संसद भवन के ठीक पीछे गुरुद्वारा बंगला साहिब पहुँचा। दिल्ली गुरुद्वारा कमिटी के जत्थेदार संतोख सिंह उनके सामने हाथ जोड़े खड़े थे। रिपोर्ट के अनुसार उनके कहने पर ही इंदिरा गांधी ने स्वयं भिंडरावाले को रिहा करने के आदेश दिये थे।

21 दिसंबर 1981 को संतोख सिंह की दिल्ली में गोली मार कर हत्या कर दी गयी। उनके मृत्यु पर हुए कार्यक्रम में राजीव गांधी और ज्ञानी जैल सिंह के साथ भिंडरावाले भी बैठे थे।

गृह मंत्री जैल सिंह की रंगी हुई दाढ़ी पर तंज कसते हुए भिंडरावाले ने कहा, "हमारे गाँव में जब कोई किसी की बहन को छेड़ता है तो उसकी दाढ़ी रंग कर, गधे पर बिठा कर घुमाया जाता है। यहाँ भी कुछ लोग दाढ़ी रंग कर आए हैं, पता नहीं किसकी बहन छेड़ कर आए हैं।"

जैल सिंह यह सब सुन कर भी ख़ून का घूँट पीकर रह गए। उनके मन में अब भी बस यह था कि भिंडरावाले की वजह से मुख्यमंत्री दरबारा सिंह का पत्ता कट जाए।

कम्युनिस्ट नेता हरकिशन सिंह सुरजीत ने संसद में कहा, "भिंडरावाले को शह कौन लोग दे रहे हैं? कांग्रेस और अकाली दल! बस अपने फ़ायदे के लिए ये पंजाब में सांप्रदायिक माहौल ला रहे हैं।"

लोंगोवाल

अकाली दल सिखों पर अपनी पकड़ खोती जा रही थी। अब भिंडरावाले ही सर्वेसर्वा बनते जा रहे थे। बल्कि, अकाली दल को भी अपनी पहचान बनाए रखने के लिए भिंडरावाले से जुड़ जाना ही विकल्प था। अकाली दल के अध्यक्ष संत लोंगोवाल और भिंडरावाले के मध्य रंजिश आने में वक़्त था; फ़िलहाल तो वे एक-दूसरे के बीच एक 'कॉमन ग्राउंड' तलाश रहे थे।

समस्या यह थी कि पंजाब का नियंत्रण दिल्ली से चल रहा था। राजीव गांधी ने एक 'थिंक-टैंक' बनायी थी और कमाल की बात कि उसमें एक भी सिख न था। एक थे केरल के ईसाई पी. सी. अलेक्जैंडर, दूसरे आंध्र के कृष्णस्वामी राव और तीसरे टी. एन. चतुर्वेदी (बाद में एम. एम. के. वाली)। ये लोग क्या समझते सिख समस्या? हालाँकि, इस थिंक-टैंक बनने के पहले उनके स्कूली दोस्त कैप्टन अमरिंदर सिंह संत लोंगोवाल से मिलने गए थे। उनको सफलता भी मिली और अकाली दल से सरकारी वार्ता शुरू हुई। बल्कि, अमरिंदर सिंह अगर नियमित मध्यस्थता करते तो शायद मामला सुलझ भी जाता।

अकाली दल स्पष्ट ही नहीं थी कि वह चाहती क्या है। आनंदपुर साहिब में जो निर्णय लिया गया था, वह अब बिखर गया था। अब वे अजीब-अजीब माँगें करने लगे थे। जैसे एक सूची में यह भी माँग थी कि सिखों पर चुटकुले बंद किए जाएँ। एक दिल्ली से अमृतसर जाने वाली बदनाम लेट लतीफ़ ट्रेन 'फ्लाइंग मेल' को 'गोल्डन टेम्पल मेल' नाम दिलाने की माँग थी। फिर उन्हें लगा कि यह ट्रेन तो इतनी लेट चलती है, कि इससे अपना ही नाम ख़राब होगा। ये प्रस्ताव वापस ले लिए गए। बाकी के प्रस्ताव जल-विभाजन और गुरुद्वारों के प्रबंधन लेकर थे, जिनमें कई जायज लग रहे थे।

1982 में ये वार्ताएँ चली। अकाली दल और इंदिरा गांधी के मध्य जैसे ही कुछ सुलझता, कोई न कोई अड़ंगा आ जाता। भिंडरावाले तो चाह ही रहे थे, कि ये वार्ताएँ टूटे। इसके लिए कुछ घिनौनी हरकतें भी की गयी। अप्रैल, 1982 में अमृतसर के एक शिव मंदिर के अंदर गाय काट कर फेंक दिया गया। इसकी ज़िम्मेदारी 'दल खालसा' ने ली।

जुलाई, 1982 में भिंडरावाले के बायें हाथ अमरीक सिंह को गिरफ़्तार कर लिया गया। स्वयं भिंडरावाले स्वर्ण मंदिर के पास गुरु नानक छात्रावास के कमरा संख्या 47 में शिफ्ट हो गये।

अगले ही महीने लोंगोवाल और भिंडरावाले ने हाथ मिला लिया और 4 अगस्त, 1982 को स्वर्ण-मंदिर के प्रांगण में धर्म-युद्ध का ऐलान कर दिया। उसके बाद सैकड़ों सिख जत्थों में रोज़ आते, लोंगोवाल और भिंडरावाले के भड़काऊ भाषण होते और वे 'राज करेगा खालसा' की हुंकार भरते अमृतसर की सड़कों पर घूमते। उनकी गिरफ़्तारियाँ होने लगी और जेल भरने लगे। यही वे चाहते भी थे।

11 सितंबर, 1982 को एक बस 34 सिख आंदोलनकर्मियों को लेकर जा रही थी, कि एक रेलवे गुमती पर ट्रेन से टकरा गयी और सभी सिख मारे गए। भिंडरावाले ने इसे सोची-समझी साज़िश कहा और अमृतसर में उस स्थान पर 'गुरुद्वारा टक्कर साहिब' बनाने का निर्णय हुआ (क्योंकि वहाँ ट्रेन से टक्कर में सिख शहादत हुई थी)। अगले ही महीने, उन सब की अस्थियाँ लेकर सिखों ने दिल्ली में एक रैली निकाली और संसद में घुसने के भी प्रयास किए।

उसके बाद लोंगोवाल ने घोषणा कर दी कि वह नवंबर में होने वाले एशियन गेम्स में विरोध प्रदर्शन करेंगे। यह तो दुनिया भर में बेइज़्ज़ती हो जाती। लेकिन, इसका शांतिपूर्ण हल निकालने के बजाय सिखों का शिकार करना शुरू किया गया। हरियाणा के मुख्यमंत्री भजन लाल ने अपनी पुलिस को आदेश दिए और सिखों को राजधानी में घुसने ही नहीं दिया गया। पंद्रह सौ सिखों की गिरफ़्तारी हुई। सांसद अमरजीत कौर ने लगभग रोते हुए यह संस्मरण प्रस्तुत किया कि किस तरह उनके पति को हरियाणा पुलिस ने बेइज़्ज़त किया।

भिंडरावाले ने स्वर्ण मंदिर में प्रवचन देते हुए कहा, "हमारे देश में खेल हुआ। दुनिया भर से लोग आए। लेकिन, सिखों को खेल देखने की इजाज़त नहीं मिली। अब बताओ कि सिखों को हिन्दू अपना ग़ुलाम समझते हैं या नहीं? ये पंडित की बेटी, जो प्रधानमंत्री बनी बैठी है, कान खोल कर सुन ले! यह ग़ुलामी हम कभी बरदाश्त नहीं करेंगे।"

दिसंबर, 1982 में लोंगोवाल और भिंडरावाले ने सिख फ़ौजियों को स्वर्ण मंदिर में बुलाया। कई रिटायर्ड फ़ौजी आए। आख़िर भारतीय सेना के दस प्रतिशत सैनिक सिख ही तो हैं। वे देश के लिए लड़ते हैं, लेकिन जब रिटायर होकर गाँव लौटते हैं तो ख़ास इज़्ज़त नहीं होती। उस दिन भिंडरावाले की बात सुन कर कुछ फ़ौजी ज़रूर प्रेरित हुए। उनमें से एक थे मेजर जनरल शाहबेग सिंह!

शाहबेग सिंह ने 1971 के युद्ध में बांग्लादेश की 'मुक्तिवाहिनी' गुरिल्ला सेना को प्रशिक्षण दिलाया था और भारत की जीत में अहम भूमिका निभायी थी। लेकिन, अपने करियर के अंत में उन पर भ्रष्टाचार के (झूठे) इल्ज़ाम लगाए गए और उन्हें फ़ौज से निकाल दिया गया। उनकी पेंशन भी छीन ली गयी। देश का जांबाज फ़ौजी अब भारतीय सरकार से नफ़रत करने लगा था। भिंडरावाले को अपना कमांडर मिल गया था!

भिंडरावाले की सेना

भिंडरावाले की फ़ौज में अलग-अलग तरह के लोग थे। उनके साथ ऑटोमेटिक बंदूकें, ली-एनफिल्ड राइफल, तलवार, भाला लिए हुए सिख खड़े होते। कुछ ख़ासे पढ़े-लिखे लोग भी थे। गुरतेज़ सिंह भूतपूर्व आई.ए.एस. अधिकारी रहे थे। एक हरमिन्दर सिंह संधू तो फ़र्राटा अंग्रेजी बोलते थे और उनको भिंडरावाले का दिमाग़ कहा जाता। कुछ लोगों का यह मानना है कि संधू रॉ और आई एस आई के 'डबल-एजेंट' थे। उनका गुप्त नाम था— फाल्कन। वह सीमा-पार से ख़ुफ़िया सूचनाएँ लाकर रॉ को देते। भिंडरावाले के साथ होना भी एक रहस्य ही है, क्योंकि भिंडरावाले पर जब अंतिम आक्रमण हुआ तो मात्र संधू ने ही चुपचाप आत्म-समर्पण किया। मुमकिन है कि वह सरकार के ही आदमी हों।

एक और रहस्यमय किरदार थे सुरिंदर सिंह सोढ़ी। वह बेहतरीन निशानेबाज़ थे और कई आतंकवादी घटनाओं को मुकाम दिया। उनके बारे में यह भी प्रचलित था कि वह स्कूटर से हवाई जहाज तक चला सकते हैं, जबकि असल में वह रेडियो मेकैनिक थे। इसी तरह से कई गाँव के गुंडे-मवाली, अपराधी, स्मगलर, नक्सल सभी तरह के लोग भिंडरावाले से जुड़ने लगे थे। किंवदंती तो यह भी थी कि भिंडरावाले के बगल में एक पात्र रखा होता, जिसमें काग़ज़ की पर्चियाँ रखी होती। उन पर्चियों में किसी पुलिस अफसर, नेता या अन्य सरकारी लोगों का नाम लिखा होता। जब भी कोई सिख उनके पास सेवा माँगने आता, वह पर्ची निकाल कर हाथ में दे देते। वह भक्ति-भाव से अपने लक्ष्य को मार कर आ जाता।

जनवरी, 1983 से भिंडरावाले की फ़ौज बे-लगाम घूमने लगी। कभी शिक्षा-मंत्री के घर पर बम फेंक रही है, तो कभी मुख्यमंत्री पर हमला। गणतंत्र दिवस आयोजन पर भी बम फेंक दिया गया। अमृतसर का सिंडीकेट बैंक लूट लिया गया।

मार्च, 1983 में अमृतसर से दिल्ली के रास्ते में मानावाला पुल पर पुलिस ने अपने एक टुकड़ी लगा दी थी। डी.आई.जी. अटवाल को ख़बर मिली थी कि कुछ उग्रवादी वहाँ से एक जीप पर गुज़रने वाले हैं। जैसे ही वे पुल पर पहुँचे, पुलिस ने फायरिंग कर दी। जीप में बैठे हरदेव सिंह मारे गए, लेकिन जीप भगा कर स्वर्ण-मंदिर ले आयी गयी। अगले दिन ही लाश पुलिस को दी गयी। भिंडरावाले ने कहा कि पुलिस ने बेमतलब उनके लोगों को मार गिराया। वे निहत्थे थे। यह मुमकिन भी था। मुख्यमंत्री दरबारा सिंह ने पुलिस को यह कह रखा था कि इंकाउंटर करती रहे, ज़िम्मेदारी वे ले लेंगे।

भिंडरावाले को यह भी मालूम पड़ा कि पुलिस को वह टिप उनके अपने ही आदमी ने दी थी। कुछ दिनों बाद, पुलिस के उस मुख़बिर की लाश गुरु नानक छात्रावास के बाहर पड़ी मिली।

ठीक अगले महीने 23 अप्रैल, 1983 को डी.आई.जी.ए.एस. अटवाल एक धर्मनिष्ठ सिख की तरह स्वर्ण मंदिर पहुँचे। उन्होंने पवित्र सरोवर की परिक्रमा की। अकाल तख़्त के सामने झुक कर आराधना की। वहाँ से दर्शन ड्योढ़ी की पंक्ति में लग गए। हरमंदिर साहिब में प्रसाद लेकर वापस मुख्य-द्वार की ओर जाने लगे। वह सीढ़ियाँ चढ़ ही रहे थे कि तभी गोलियों की आवाज़ आयी और सिखों के सबसे पवित्र सीढ़ियों पर यह सिपाही ढेर हो गया। उनके अंगरक्षक भाग लिए। सामने की पुलिस चौकी ने भी कुछ नहीं किया। इतने वरिष्ठ पुलिसकर्मी की लाश दो घंटे तक पड़ी रही, जब तक मंदिर प्रशासन ने उसे पुलिस को नहीं दिया।

यह ताज्जुब की बात है कि इतना सब कुछ होने के बाद भी भिंडरावाले को गुरु नानक छात्रावास जाकर गिरफ़्तार नहीं किया गया। शायद इसके पीछे भी सियासत थी। अकाली दल और कांग्रेस के बीच साँठ-गाँठ चल रही थी। प्रकाश सिंह बादल को मुख्यमंत्री बनने की इच्छा थी और वह कांग्रेस से हाथ मिलाने को तैयार थे। ज्ञानी जैल सिंह अब राष्ट्रपति बन चुके थे और अटकलें थी कि भिंडरावाले से संपर्क में भी थे। लोंगोवाल ने घोषणा कर दी थी कि मंदिर प्रांगण में पुलिस को घुसने की इजाज़त नहीं है।

उसी समय एक सम्मेलन हुआ जिसमें भिंडरावाले ने गांधी का मज़ाक़ उड़ाते कहा, “हमारे बापू गुरु गोविंद सिंह तीर-धनुष और तलवार लेकर घूमते थे; इन लोगों का बापू बस एक पतली लाठी लेकर घूमता था।”

लोंगोवाल यह सुन कर कुछ आहत हुए। वह अब तक पंजाब को भारत का हिस्सा मानते थे। गांधी के प्रति भी सम्मान था और उनकी मंशा अहिंसक आंदोलन की ही थी। उस दिन के बाद से लोंगोवाल का राजनैतिक करियर लगभग ख़त्म हो गया। वह स्वर्ण मंदिर के पास ही एक कमरे में छुप कर रहने लगे। भिंडरावाले के सामने उनकी कोई हैसियत नहीं रही।

और कोई चारा भी नहीं था। जो भी सर उठाता, उसका सर क़लम कर दिया जाता। अगस्त-सितंबर, 1983 में स्वर्ण मंदिर के आस-पास के नालों में पाँच लाशें मिली।

इस मध्य कश्मीर में सिख उग्रवादियों की ट्रेनिंग भी शुरू हो गयी थी। मेजर शाहबेग सिंह एक सैन्य हमले के लिए तैयारी कर रहे थे।

28 सितंबर, 1983 को जगराँव में सुबह टहलने निकले हिन्दुओं को गोली से मार दिया गया। ठीक एक हफ़्ते बाद 5 अक्तूबर को कपूरथला में एक बस रोकी गयी। वहाँ हिन्दुओं को अलग कर बेरहमी से गोली मार दी गयी।

अगले ही दिन प्रधानमंत्री इंदिरा गांधी ने पंजाब में राष्ट्रपति शासन की घोषणा कर दी। मुख्यमंत्री दरबारा सिंह पदच्युत हुए, राष्ट्रपति ज्ञानी जैल सिंह का पंजाब पर राज लौटा।

राष्ट्रपति शासन

अब यह भिंडरावाले बनाम भारत युद्ध बनता जा रहा था। इंदिरा गांधी ने राष्ट्रपति शासन लगाते ही भैरब दास पाण्डेय को राज्यपाल बना कर और डी. आई. जी. प्रीतम भिन्डर को पुलिस चीफ़ बना कर भेजा। भैरव दास वरिष्ठ सिविल सर्विस अधिकारी थे, ईमान के पक्के। वही भिन्डर ने आज तक गांधी परिवार की वफ़ादारी निभायी थी और खूँखार अफ़सर थे। इमरजेंसी के समय इनकी ज़्यादतियों की चर्चा मैंने जेपी पर लिखी पुस्तक में की है। यह भी पहले लिख चुका हूँ कि 1980 के चुनाव में भिंडरावाले ने भिंडर की पत्नी का चुनाव में समर्थन किया था। अब भिंडरावाले के किसी भी साथी को शक के आधार पर गोली मारने के आदेश थे। लेकिन, भिंडरावाले इन सब से बिल्कुल ही नहीं डरे।

राष्ट्रपति शासन लगते ही जालंधर में भिंडरावाले के एक विरोधी सिख को गोली मार दी गयी। स्वर्ण मंदिर के अंदर एक ASP रैंक के अधिकारी की पिटाई की गयी। एक कलकत्ता से कश्मीर जा रही ट्रेन को पटरी से उतार दिया गया, जिसमें 19 लोगों की जानें गयी। आख़िर वह अपराध भी दोहराया गया, जिसकी वजह से राष्ट्रपति शासन लगा था। 18 नवंबर, 1983 को एक बस रोक कर चार हिन्दुओं को बेरहमी से गोली मार दी गयी।

अब भिंडरावाले के गिरफ़्तारी की चर्चा हो रही थी, लेकिन यह कठिन था क्योंकि पंजाब का एक बड़ा तबका उनके साथ था। आख़िर, वह सबसे शक्तिशाली धर्मगुरु थे। वहीं, भिंडरावाले ने यह संभावना दिखा कर सबको राज़ी कर लिया कि अब उनका छात्रावास में रहना सुरक्षित नहीं। अब उनके लिए एक ही सुरक्षित जगह है— अकाल तख़्त। यानी, स्वर्ण मंदिर के प्रांगण में।

अकाल तख़्त सिखों का सबसे पवित्र स्थान है। वहाँ एक कमरे में गुरु ग्रंथ साहब रखा जाता है। ऐसे पवित्र स्थान पर बंदूक और राइफल लिए भला किसी

को कैसे रहने दिया जाए? पहले तो वहाँ के ग्रंथी ज्ञानी किरपाल सिंह ने ही उसका विरोध किया। लेकिन, आख़िर सियासत शुरू हुई।

लोंगोवाल बनाम भिंडरावाले!

लोगोंवाल ने भिंडरावाले से लड़ने के लिए एक चरमपंथी संगठन बब्बर खालसा को अपनी रक्षा के लिए बुलाया। बब्बर खालसा के जत्थेदार सुखदेव सिंह अपना दल-बल लिए भिंडरावाले के गुरु नानक छात्रावास पहुँच गए और उनको धमकाया। ऐसे वक़्त में गुरचरन सिंह तोहरा ने ज्ञानी किरपाल सिंह को मना लिया कि भिंडरावाले अब बाहर सुरक्षित नहीं, उन्हें मंदिर में ही रहने दिया जाये।

अकाल तख़्त के तीसरी मंजिल पर बने कमरे में भिंडरावाले का नया ठिकाना बन गया। वहाँ बाहर उनके अंगरक्षक तैनात रहने लगे। वह प्रतिदिन ऊपर जब स्वर्ण मंदिर का लंगर लगता, वहाँ भी पहुँचते। वहीं उनका दरबार भी लगता, जिसमें भारत और हिन्दुओं के ख़िलाफ़ ज़हर उगलते। ये नफ़रत से भरे ऑडियो-टेप भी खुले-आम मंदिर प्रांगण में मिल रहे होते और सिखों के घर-घर पहुँच जाते।

वह इन भाषणों में कहते, "सिखों की जान जाती है, तो कोई जाँच नहीं होती। जब हिन्दुओं की जान जाती है, ये जाँच कमिटी बिठा देते हैं। हमें ग़ुलाम का दर्जा दे रखा है इन हिन्दुओं ने।"

यह दरबार जहाँ लगता, वह खुली छत थी। उस वक़्त अगर आस-पास किसी भी इमारत से पुलिस एक स्नाइपर लगाती, तो भिंडरावाले को एक झटके में मारा जा सकता था। लेकिन, यह मसला बस टलता ही चला गया।

भिंडरावाले ने यह भी कहा कि हर गाँव में एक मोटरसाइकल और तीन रिवॉल्वर ज़रूर रखे जाएँ। यह खालसा की रक्षा के लिए है। यह खुले-आम आतंकवाद की फ़ैक्टरी बनाने की बात थी।

26 जनवरी, 1984 को स्वर्ण मंदिर के पास एक इमारत पर खालिस्तान का झंडा ही लहरा दिया गया। उसी दिन अकाली दल ने संविधान के आर्टिकल 25 में संशोधन की माँग रखी। इस आर्टिकल के अनुसार सिखों, जैन और बौद्ध को हिन्दुओं का हिस्सा बताया गया था। अकाली दल सिखों को इस ब्रैकेट से अलग

करना चाहती थी। प्रकाश सिंह बादल ने संविधान की प्रतियाँ जलाने की बात कह दी और गिरफ़्तार किये गये।

वहीं दूसरी ओर हरियाणा के मुख्यमंत्री भजन लाल ने फ़रीदाबाद में एक भड़काऊ भाषण दे दिया कि हम हिन्दुओं का धैर्य अब जवाब दे रहा है। उसके बाद पानीपत में गुरुद्वारा जला दिया गया और आठ सिखों को मौत के घाट उतार दिया गया। पंजाब में भी पवन कुमार नामक एक अपराधी नेता के नेतृत्व में हिन्दुओं ने सिखों पर आक्रमण किया और दंगों में चौदह लोग मारे गए।

बदले में भिंडरावाले ने स्वर्ण-मंदिर के बाहर पुलिस चौकी से छह पुलिस कॉन्स्टेबलों को अंदर पकड़ कर बंद कर दिया और एक को गोली मार दी। आख़िर एक वरिष्ठ पुलिस अधिकारी को भिंडरावाले के सामने गिड़गिड़ाना पड़ा, तब जाकर उन्हें छोड़ा गया। लेकिन भिंडरावाले ने सभी स्टेन-गन और वाकी-टॉकी पर क़ब्ज़ा कर लिया।

आख़िर स्वर्ण-मंदिर पर आक्रमण का माहौल बनने लगा। पहली झड़प सी. आर. पी. एफ. के जवानों से हुई। वे मंदिर प्रांगण के बाहर कुछ सिखों की तलाशी कर रहे थे, जब भिंडरावाले के लोगों ने गोली चला दी। बदले में इन सी. आर. पी. एफ. वालों ने भी फायरिंग कर दी।

लोंगोवाल ने पुलिस चीफ़ भिंडर को फोन किया कि स्वर्ण मंदिर पर गोली चल रही है। भिंडर ने कहा कि वह कुछ नहीं कर सकते, यह केंद्र सरकार के हाथ में है। आख़िर एक फोन आया, तो गोलीबारी रुकी। फोन सीधे राष्ट्रपति भवन से आया था। ज्ञानी जैल सिंह का!

पंजाब पुलिस अब हार चुकी थी। भिंडरावाले के सामने घुटने टेक चुकी थी। इंदिरा गांधी ने अब उन्हें असीमित शक्तियाँ दे दी, फिर भी वे कुछ नहीं कर पा रहे थे। स्वर्ण-मंदिर में घुसने का तो सवाल ही नहीं था। आग तो पंजाब से बाहर भी फैल रही थी।

28 मार्च, 1984 को दिल्ली गुरुद्वारा प्रबंधन कमिटी के अध्यक्ष एच. एस. मनचन्दा को दिन-दहाड़े दिल्ली के केंद्र में ITO चौराहे पर गोली मार दी गयी। उन्हें इंदिरा गांधी का मित्र समझा जाता था और भिंडरावाले की हिट-लिस्ट में थे।

ठीक एक हफ़्ते बाद अमृतसर में भाजपा के सबसे प्रखर नेता हरबंस लाल खन्ना की गोली मार कर हत्या कर दी गयी। वह हिन्दुओं को सिखों के ख़िलाफ़ भड़काने के लिए नियमित भाषण देते रहे थे। उनकी हत्या के बाद दंगे भड़कने की पूरी संभावना थी, इसलिए पंजाब-हरियाणा में जगह-जगह कर्फ़्यू लगा दिए गए।

अगले ही दिन साहित्य अकादमी पुरस्कृत लेखक और कांग्रेस सांसद वी. एन. तिवारी चंडीगढ़ में मॉर्निंग-वाक पर निकले और उनको गोली मार दी गयी।

लेकिन, एक जंग और चल रही थी। बूढ़े शेर लोंगोवाल अब भी भिंडरावाले के ख़िलाफ़ अपनी ताकत लगा रहे थे। छुप-छुप कर।

लोंगोवाल बनाम भिंडरावाले

14 अप्रैल, 1984

भिंडरावाले के ख़ास सहयोगी और सबसे काबिल शूटर सुरिंदर सिंह सोढ़ी रोज़ की तरह मंदिर के बाहर चाय पीने निकले। सोधी ने ही मनचन्दा, हरबंस लाल खन्ना और वी. एन. तिवारी की हत्यी की थी। उनको छूने की भी किसी में हिम्मत नहीं थी। वह बड़े आराम से बेंच पर बैठ कर चाय पी रहे थे।

एक सिख युगल उनके सामने आकर बैठ गए। सोढ़ी को उन पर कोई शक नहीं हुआ। शादी-शुदा लोग थे, उन पर कैसा शक?

तभी महिला ने रिवॉल्वर निकाला और सोढ़ी पर धड़ा-धड़ गोलियाँ दाग दी। सोढ़ी वहीं ढेर हो गए। ये दोनों लोंगोवाल के भेजे लोग थे— सुरिंदर सिंह (चिंदा) और बलजीत कौर।

इतना ही नहीं, हत्या के बाद बलजीत कौर मंदिर के अंदर सीधे भिंडरावाले के पास भागी।

वहाँ जाकर कहा, "मुझसे बहुत बड़ी ग़लती हो गयी। मैंने आपके आदमी को मार दिया।"

भिंडरावाले शांत रहे। पूछा, "क्यों मारा?"

"वह मुझसे छेड़-छाड़ कर रहा था। मेरे पति ने टोका तो लड़ने लग गया।"

भिंडरावाले स्त्रियों से छेड़खानी के सख़्त ख़िलाफ़ थे।

उन्होंने कहा, "ऐसी बात है तो तुमने बिल्कुल ठीक किया। लेकिन, तुम सच कह रही हो? अगर झूठ निकला, तो तुम्हें इसकी सज़ा भी मिल सकती है।"

यह सुन कर वह बिफर कर रोने लगी।

उसने कहा, “यह सब मेरे पति की ग़लती है। इसमें मेरा कोई हाथ नहीं।”

“उसने क्या किया?”

“उसे लोंगोवाल, गुरुचरण (सिंह) और भाटिया ने पैसे दिये।”

“कौन भाटिया?”

“मलिक सिंह भाटिया”

मलिक सिंह भाटिया भिंडरावाले के ख़ास आदमी थे। उनको अगले दिन बुलवाया गया। मलिक सिंह आते ही भिंडरावाले के चरण में गिर गए।

उन्होंने कहा, “मुझे माफ़ कर दो। मैं लोंगोवाल के झाँसे में आ गया। मैंने बस इनके लिए जीप भेजी थी।”

भिंडरावाले ने कहा, “कोई बात नहीं। मुझसे माफ़ी माँग ली। अब मंदिर जाकर वहाँ भी दरबार में माफ़ी माँग लो।”

भाटिया ख़ुश होकर मंदिर चले गए और प्रसाद लेकर वापस भिंडरावाले के पास लौटने लगे। लेकिन जैसे ही अकाल तख़्त की सीढ़ियाँ चढ़ने लगी, उन पर तलवार से वार किया गया। उनके कंधे कट गए, पगड़ी गिर गयी और वह मंदिर से बाहर लोंगोवाल के गुरु रामदास हॉस्टल की ओर भागे। हॉस्टल के दरवाज़े पर पहुँचते ही उनकी पीठ पर गोली लगी और भाटिया ने वहीं दम तोड़ दिया।

जिस चाय वाले की दुकान पर सोढ़ी को गोली मारी गयी थी, उसे भी गोली मार दिया गया। अगली शाम चिन्दा और उसकी पत्नी बलजीत कौर की लाश भी पुलिस को ग्रैंड ट्रंक रोड पर बोरियों में पड़ी मिली।

स्वर्ण-मंदिर के बाहर एक सूचना-पत्र टंग गया। लिखा था, “चौबीस घंटे के अंदर हमने सभी हत्यारों और उनके साथियों को ख़त्म कर दिया है।”

लोंगोवाल और गुरचरण सिंह (अकाली दल सचिव) डर कर हॉस्टल में छुप गए। फिर कभी निकलने की हिम्मत नहीं की। अंत में, भारतीय सेना ही उनको हॉस्टल से निकाल पायी।

22 अप्रैल को एक वायुसेना अधिकारी की घर में घुस कर हत्या कर दी गयी। ऐसा भारतीय इतिहास में पहली बार हुआ था कि किसी कार्यरत सैनिक की

अपने घर में ही हत्या की गयी हो। इस हत्या के बाद ही यह योजना बनने लगी कि भारतीय सेना को अब अमृतसर लाया जाए।

जब भिंडरावाले के सहयोगी अमरीक सिंह जेल गए थे, तो उनको एक बचन सिंह नामक पुलिस अफसर ने यातनाएँ दी थी। 30 अप्रैल, 1984 को बचन सिंह एक रिक्शे पर अपने अंगरक्षक के साथ जा रहे थे, जब उनके अंगरक्षक से बंदूक छीन कर उनको गोली मार दी गयी। इतना ही नहीं, उनके पीछे रिक्शा पर आ रहे पत्नी और बच्चे को भी गोली मार दी गयी।

सिर्फ मार्च-अप्रैल, 1984 के दौरान अस्सी हत्याएँ की गयी! अब इंदिरा गांधी की सरकार पर से ही लोगों का भरोसा उठ गया था। अगले साल चुनाव थे और उनकी हार तय थी।

भिंडरावाले को यह आशंका हो रही थी कि सरकार चुप नहीं रहेगी। कम से कम चुनाव से पहले आक्रमण ज़रूर करेगी। इसलिए अकाल तख़्त में क़िलाबंदी शुरू कर दी गयी। रेत की बोरियाँ लगा कर घेर लिया गया। अब अकाल तख़्त की छत पर बंदूकें लिए लोग तैनात रहते। अकाल तख़्त के दोनों तरफ़ के मकान में भी बंदूकधारी लगा दिये गये। ग्रेनेड की एक पूरी फ़ैक्टरी ही तैयार कर ली गयी थी। ताज्जुब की बात है कि स्वर्ण-मंदिर अब भी आध्यात्मिक माहौल के साथ यथावत था। दूर-दूर से माथा टेकने यहाँ लोग आ रहे थे। उनको इन बंदूकधारियों से कोई फ़र्क़ नहीं पड़ता।

अमृतसर की प्रशासन भी गुप्त रूप से भिंडरावाले के साथ थी। कई वरिष्ठ पुलिस अधिकारियों से लेकर डिप्टी कमिश्नर तक। तभी तो ट्रक भर-भर कर हथियार आराम से स्वर्ण-मंदिर लाए जा रहे थे। कोई रोक-टोक नहीं।

पूरे पंजाब से हिन्दुओं का पलायन भी शुरू हो रहा था और हरियाणा के मुख्यमंत्री भजन लाल उनका स्वागत भी कर रहे थे। धारणा तो यह बनने लगी थी कि अगर यही हालात रहे तो अगले साल तक पंजाब में एक भी हिन्दू नहीं बचेगा। जो हिन्दू पलायित नहीं हो सकते थे, ने सिख बनते जा रहे थे।

लोंगोवाल अब भी आख़िरी कोशिशें कर रहे थे। उन्होंने पाँच जत्थेदारों से एक हुक्मनामा लिखवाया कि स्वर्ण-मंदिर प्रांगण से यह गोली-बारी बंद की जाए।

भिंडरावाले ने तीन जत्थेदारों को ही गोली से उड़वा दिया, जिनमें एक अस्सी वर्षीय ज्ञानी प्रताप सिंह भी थे। हुक्मनामा कभी ज़ारी ही नहीं हो पाया। बल्कि स्वर्ण-मंदिर के जत्थेदार ज्ञानी साहिब सिंह ने भिंडरावाले के छह चेलों की शादियाँ भी उसी अप्रैल के महीने में मंदिर प्रांगण में करायी।

12 मई, 1984 को पंजाब केसरी के नए मालिक रमेश चंदर (लाला जगत नारायण के बेटे) को जलंधर में गोली मार दी गयी। पिता के हत्या से पुत्र की हत्या तक मृत्यु की घड़ियाँ भिंडरावाले की मर्जी से चल रही थी।

इंदिरा गांधी हार गयी। शब्दश:। पंजाब में भी, मलीहाबाद में भी।

आख़िरी चेतावनी

21 मई, 1984

मलीहाबाद दशहरी आमों के लिए मशहूर है। पंजाब के गरम माहौल से दूर कुछ देर मलीहाबाद चलते हैं और आमों की ख़ुशबू लेते हैं। माहौल वहाँ भी गरम ही था। उपचुनाव हो रहे थे और इस बार कांग्रेस (इंदिरा) के सामने था राष्ट्रीय संजय मंच। यह किसी ने कल्पना भी नहीं की होगी कि कभी इंदिरा गांधी के विरोध में संजय गांधी का नाम होगा। लेकिन, यह हो रहा था। मेनका गांधी की यह नयी-नवेली पार्टी इससे पहले दिसंबर 1983 में पीलीभीत में मात दे चुकी थी। अब मलीहाबाद की बारी थी।

मेनका की पार्टी से प्रत्याशी थे अमेठी के एक दलित ग्राम प्रधान बृज लाल। उनके ख़िलाफ़ खड़ी थी कांग्रेस (इंदिरा) की शांति कुरील। इंदिरा गांधी ने अपनी पूरी ताकत झोंक दी थी। उत्तर प्रदेश के 36 विधायक और 6 केंद्रीय मंत्री उस क्षेत्र में कैम्पेन कर चुके थे। मुख्यमंत्री श्रीपत मिश्रा दो बार हेलीकॉप्टर से दौरा कर चुके थे। साम, दाम, दंड, भेद सभी अपनाए जा रहे थे। ठाकुर गाँवों में ठाकुर नेता, मुसलमानों गावों में मुसलमान नेता, तो दलित गाँवों में पासी जाति के नेता कैम्पेन करते।

वहीं, मेनका गांधी स्वयं उन धूल-धूसरित रास्तों पर जीप से घूम-घूम कर प्रचार कर रही थी। खालिसपुर गाँव में वह घुटनों तक पानी में चल कर पहुँची। यह वो गाँव था जिसने पुल न बनने की वजह से 1980 का चुनाव बहिष्कार कर दिया था। मेनका के सहयोगी अक्सर अकबर 'डम्पी' अहमद भी अपने दल-बल के साथ मौजूद होते। दम-खम में भी मेनका गांधी की पार्टी कम नहीं थे। बल्कि, उन्हें

तो गुंडों की पार्टी कहा ही जाता था। कांग्रेस की जीप राइफलों से लद कर दबंगई दिखाने जा रही थी, मेनका की पार्टी के लोगों ने दो राइफल छीन लिए।

हर जगह पोस्टर लगे थे— 'मेनका तुम तस्वीर हो, कल के हिंदुस्तान की'।

सात हज़ार से अधिक वोटों से बृज लाल चुनाव जीत गए! अगले साल लोकसभा चुनाव थे। मेनका गांधी की लगातार जीत ने राजीव गांधी का नेतृत्व हिल गया। ख़ास कर जब पंजाब में उनका थिंक-टैंक पूरी तरह हार गया था।

अक्सर इस कोण की चर्चा नहीं होती, लेकिन इंदिरा गांधी ने अगर स्वर्ण मंदिर में सेना भेजने का फ़ैसला किया, उसकी एक वजह मेनका गांधी से हार भी थी। उन्हें अब पुन: 'आयरन लेडी' और दुर्गा जैसी उपमाएँ पानी थी और इसके लिए भिंडरावाले का अंत करना ज़रूरी था। लेकिन, उन्हें भी नहीं मालूम था कि यह इतना आसान न होगा। भिंडरावाले उनके जीवन के सबसे कठिन शत्रु साबित होंगे। ऐसे शत्रु जिनसे उनकी अपनी मृत्यु भी जुड़ी होगी। इन दोनों के अंत के बाद ही आख़िर राजीव गांधी का राज्याभिषेक संभव होगा और मेनका गांधी लंबे समय के लिए नेपथ्य में चली जाएंगी।

ख़ैर, फ़िलहाल अभी पंजाब लौटते हैं। इंदिरा गांधी ने अंतिम प्रयास किया कि बात-चीत से मामला सुलझ जाये। इसके लिए इस बार उन्होंने अपने एक कुशल कूटनीतिज्ञ नेता को काम पर लगाया। वह थे विदेश मंत्री पी. वी. नरसिम्हा राव। उन्होंने अकाली दल नेताओं से बात की और यह निर्णय लिया कि उनकी कुछ शर्तें मान ली जाएंगी बशर्ते कि संत भिंडरावाले राज़ी हो जाएँ।

लेकिन भिंडरावाले से बात करेगा कौन?

गुरचरण सिंह तोहरा अब भी भिंडरावाले के क़रीब थे। लोंगोवाल से तो छत्तीस का आँकड़ा था। अकाली दल के तीनों नेता (बादल, तोहरा और लोंगोवाल) स्वर्ण मंदिर प्रांगण में मिले और निर्णय हुआ कि संत से बात की जाये। अगले दिन तोहरा अकाल तख़्त पहुँचे।

उन्होंने भिंडरावाले को कहा, "सरकार ने हमें चंडीगढ़ देने का वादा कर दिया है। धीरे-धीरे बाकी शर्तें भी मान ली जायेगी।"

"तो आप सरकार के साथ मिल गये?"

"आख़िर हमारी शर्तें भी तो मान ली है।"

"आप आनंदपुर साहिब में लिये फ़ैसले भूल गये? बस एक मुख्यमंत्री की कुर्सी के लिये? सिखों का कुछ नहीं सोचा?"

"मैंने हमेशा सिखों का ही सोचा है। यह मत भूलिये कि आपको यहाँ मैंने ही बिठाया है और जब चाहे निकाल भी सकता हूँ।"

"मुझे कौन निकालेगा? यह आप जैसे मतलबी नेताओं की जगह नहीं, संतों की जगह है।"

"मैं जत्थेदारों से हुक्मनामा लिखवाऊँगा।"

"यह तो कब से सुन रहा हूँ। अब तक आया तो कोई नहीं। यह याद रखिए कि मेरे साथ वाहेगुरु हैं। हम अपनी जान दे देंगे, लेकिन ईमान कभी गिरवी नहीं रखेंगे।"

तोहरा खाली हाथ लौटे और राज्यपाल को ख़बर कर दी कि भिंडरावाले नहीं मानने वाले। अब सभी रास्ते बंद हो चुके थे और एक ही रास्ता बचा था।

अमृतसर के स्वर्ण मंदिर प्रांगण में भारतीय सेना भेजने के निर्णय पर हस्ताक्षर करने के बाद इंदिरा गांधी ने कहा, "मैं अपनी मृत्यु पत्र पर हस्ताक्षर कर आयी हूँ (I have signed my death sentence)"

ऑपरेशन का आग़ाज़

31 मई, 1984

मेजर जनरल कुलदीप सिंह बरार मेरठ में इन्फैन्ट्री डिवीजन सम्भाल रहे थे। उस दिन उन्हें परिवार के साथ छुट्टियाँ मनाने हिमाचल निकलना था। सभी तैयारियाँ हो चुकी थी। तभी ख़बर मिली कि फ़ौरन चंडीगढ़ पहुँचना है। वह हड़बड़ी में सीधे चंडीगढ़ के वेस्टर्न कमांड पहुँचे तो मालूम पड़ा कि उन्हें भिंडरावाले के ख़िलाफ़ 'ऑपरेशन ब्लूस्टार' की कमांड लेनी है।

मेजर जनरल बरार भिंडरावाले के इलाके से और उन्हीं की जाति के सिख थे। फ़र्क़ यह था कि उनकी न दाढ़ी थी, न पगड़ी। भिंडरावाले की नज़र में एक काफ़िर। अब इस सिख को अपने धर्म के सबसे पवित्र धर्म-स्थल स्वर्ण मंदिर प्रांगण पर आक्रमण करना था। जाहिर है, यह कार्य इतना आसान न होगा। लेकिन, संभव है कि इसीलिए उन्हें यह ज़िम्मेदारी दी गयी हो, ताकि वह धर्म और कर्म, दोनों की रक्षा कर सकें।

उन्होंने तुरंत बटालियन तैयार करने शरू किए। उनमें भी कई सिख थे।

उन्होंने कहा, "हम किसी भी धर्म-स्थल को अपवित्र करने नहीं जा रहे। वहाँ जो ख़ून बह रहा है, जो हिंसा हो रही है, उसे ख़त्म करने जा रहे हैं। हम वह गंदगी साफ़ करने जा रहे हैं और हरमंदिर की सेवा करने जा रहे हैं। अगर आप में से किसी को भी लगता है कि यह उनके धर्म के ख़िलाफ़ है, तो आप बेशक पहले कह दें। आप पर कोई कार्रवाई नहीं की जायेगी। निश्चिंत रहें।"

पहली तीन बटालियन में किसी ने मना नहीं किया। चौथे में एक सिख खड़े हुए।

मेजर जनरल ने कहा, "कोई बात नहीं जवान। आप बेशक इस ऑपरेशन से मुक्त हो सकते हैं।"

लेकिन, उस सिख ने कहा, "नहीं! मैं बस यह कहने खड़ा हुआ हूँ कि हम इस ऑपरेशन में आगे जाना चाहते हैं। आप बस हुक्म करिये।"

वह सिख थे सेकंड लेफ़्टिनेंट रैना, जिनके जौहर के क़िस्से आगे संदर्भ में आएँगे।

अगले दिन 1 जून को, 12.40 बजे, अर्धसैनिक बलों और भिंडरावाले के लोगों के मध्य गोली-बारी शुरू हुई। यह पिछले दो-तीन दिन से चल रही थी, ताकि सेना के आने से पहले भिंडरावाले के ठिकानों का पता लग जाये। फ़ायरिंग स्वर्ण मंदिर के आस-पास की गलियों में चल रही थी। आस-पास के हॉस्टलों और मकानों में आधुनिक अस्त्रों से लैस युवक अर्धसैनिक बलों पर भारी पड़ रहे थे। लगभग सात बजे शाम तक गोलियाँ चलती रही। कई गोलियाँ स्वर्ण मंदिर प्रांगण की दीवालों पर और भिंडरावाले के लंगर के दीवाल पर भी लगी ही। मंदिर को बचाना नामुमकिन लग रहा था।

भिंडरावाले ने कहा, "सरकार इस पवित्र मंदिर पर हमला कर रही है। यह हम सिख कभी बर्दाश्त नहीं कर सकते।"

एक पत्रकार सुभाष किर्पेकर ने पूछा, "आपको लगता है कि फ़ौज आने वाली है?"

भिंडरावाले ने कहा, "आयेगी भी तो मंदिर में घुसने की हिम्मत नहीं करेगी। दो साल से तो बाहर CRPF और BSF वाले बैठे ही हैं। वैसे ही बैठी रहेगी।"

बी.बी.सी. के सतीश जैकब ने एक बार पूछा, "अगर फ़ौज अंदर आ गयी, तो आप क्या करेंगे?"

उन्होंने लंगर की छत से खेतों की ओर इशारा कर कहा, "हम इन खेतों के रास्ते सीमा पार कर लेंगे और पाकिस्तान से छापा-मार लड़ाई लड़ते रहेंगे।"

इस बात के पुख़्ता सबूत नहीं मिले, लेकिन सेना यही कहती रही कि पाकिस्तान के इस योजना की ख़बर उन्हें मिलने लगी थी। बल्कि 10 जून, 1984 को पाकिस्तान द्वारा खालिस्तान देश की घोषणा की अटकलें चल रही थी।

पत्रकार ने आगे पूछा, "लेकिन, क्या आप इतनी बड़ी सेना का मुक़ाबला कर पायेंगे?"

भिंडरावाले ने कहा, "भेड़ सैकड़ों होते हैं। लेकिन, शेर अकेला ही काफ़ी है, उन्हें ख़त्म करने को।"

"अगर आपकी मृत्यु हो गयी तो?"

"सिख मौत से नहीं डरता। जो डरता है, वह सिख नहीं।"

मेजर शाहबेग सिंह भिंडरावाले से अधिक प्रायोगिक जवाब दे रहे थे। वह लंबा समय भारतीय सेना में बिता चुके थे, तो उन्हें अनुभव था।

उन्होंने कहा, "आज रात तक फ़ौज आ जानी चाहिए।"

उनकी बात सच निकली। फ़ौज अमृतसर आ चुकी थी। बल्कि जब ये लोग बात कर रहे थे, उस वक़्त मेजर जनरल बरार स्वयं एक भक्त के भेष में मंदिर की परिक्रमा करते हुए भिंडरावाले की ताक़त का जायज़ा ले रहे थे!

यह बहुत ही नाज़ुक वक़्त था। धार्मिक रूप से भी। सुबह गुरु अर्जुन देव की शहादत मनाने के लिए सैकड़ों सिख, मंदिर के आस-पास इकट्ठे होने लगे थे। यह उनका पवित्र पर्व था और मंदिर के आस-पास शरबत बँट रहे थे, चहल-पहल थी। यूँ लग ही नहीं रहा था कि यहाँ कुछ ही देर में फ़ायरिंग शुरू होने वाली है और उन निर्दोष भक्तों की जान भी ख़तरे में है और ऐसा होते ही ना जाने कितने निर्दोषों की जान ख़तरे में आ जाएगी।

राहुल और प्रियंका को देहरादून के स्कूल से वापस बुला लिया गया, क्योंकि अब उनका परिवार कहीं भी असुरक्षित था। इंदिरा गांधी को यह आशंका तो थी कि वह अब मारी जाएँगी, लेकिन यही मना रही थी कि परिवार बच जाये।

2 जून की रात 8 बजे दूरदर्शन और आकाशवाणी पर एक साथ घोषणा की गयी कि प्रधानमंत्री इंदिरा गांधी आधे घंटे के बाद देश के नाम संदेश देंगी। पूरे देश को अब यह अंदेशा था कि कुछ बड़ा निर्णय लिया जा चुका है!

इंदिरा गांधी ने रेडियो पर कहा, "अब पंजाब में चल रहे आंदोलन अकाली दल के हाथ में नहीं रहे, वह कुछ सांप्रदायिक लोगों के हाथ में जा चुके हैं जो

उस देश को तोड़ना चाहते हैं। हम समझौते के लिए तैयार हैं, लेकिन हिंसा अब बिल्कुल नहीं बर्दाश्त कर सकते। मैं सभी पंजाबी भाइयों और बहनों से अनुरोध करूँगी कि ख़ून न बहाएँ, नफ़रत बह जाने दें।"

इस घोषणा के बाद भिंडरावाले के सहयोगियों में लगभग दो सौ युवक मंदिर से निकल लिये। कहा जाता है कि ये वामपंथी नक्सल थे, जो धर्म की वजह से यूँ भी भिंडरावाले से नहीं जुड़े थे। कुछ लोग यह भी कहते हैं कि ये अमृतसर के बाहर दंगे करने निकले थे।

यह तो कॉमन-सेंस भी कहता है कि गुरु अर्जुन देव के बलिदान-दिवस के दिन ऑपरेशन ब्लू-स्टार की शुरुआत करना एक बेवक़ूफ़ाना फ़ैसला था। कोई भी सिख इसे माफ़ नहीं करेगा। ख़बर थी कि यह बकवास ख़याल राजीव गांधी के अपरिपक्व सलाहकारों की दिमाग़ी उपज थी।

इंदिरा गांधी भी इस तारीख़ की अहमियत जानती थी। शायद इसलिए उन्होंने इस महत्वपूर्ण ऑपरेशन की बात राष्ट्रपति ज्ञानी जैल सिंह तक से छुपा ली। एक धर्मनिष्ठ कहे जाने वाले राष्ट्रपति इस ऑपरेशन की इजाज़त तो कभी भी नहीं देते। कितनी अजीब बात है कि जिस राष्ट्रपति को देश की सेना का सर्वोच्च कमांडर कहा जाता है, उन्हें अपनी ही सेना की हलचल की ख़बर ही नहीं!

❑

"अगर वह ब्राह्मण की बेटी सेना भेजती भी है, तो कोई सिख शामिल नहीं होगा। टोपी वालों (हिन्दुओं) को देखने के लिये तो हम काफ़ी हैं।"

-जरनैल सिंह भिंडरावाले

2 जून का पवित्र दिन ही क्यों चुना? सरकार की तरफ़ से कई दलीलें थी। उनका कहना था कि इस महत्वपूर्ण बलिदान दिवस पर भिंडरावाले सिखों को भड़का कर पूरे पंजाब में दंगे करवाने वाले हैं। उन्होंने भिंडरावाले और शाहबेग सिंह के बीच एक बातचीत रिकॉर्ड की थी, जिसमें 5 जून से क़त्ल-ए-आम करने की बात कही गयी थी। सरकार का तो ख़ैर यह भी कहना था कि पंजाब के सभी विधायकों और सांसदों को मौत के घाट उतारने की साज़िश चल रही है।

बात पूरी तरह ग़लत नहीं थी। इंदिरा गांधी के टी.वी. पर आने से पिछले चौबीस घंटों में 23 हत्याएँ हुई थी!

भिंडरावाले ने अपने आख़िरी लाइव साक्षात्कार में भावपूर्ण मुद्रा में उस दिन कहा, "भारत की सरकार सिखों को ग़ुलाम समझती है। वह हमें पसंद नहीं करती। हमें एक-एक कर ख़त्म करना चाहती है। लेकिन उनका यह मंसूबा कभी पूरा नहीं होगा। सिखों को ख़त्म करने की कोशिश जिसने भी की, वे ख़ुद ख़त्म हो गये।"

स्वर्ण मंदिर सिर्फ सिखों के लिए ही नहीं, हर धर्म के लिए पवित्र स्थलों में है। वहाँ पहुँचते ही एक अद्भुत् आध्यात्मिक अनुभव होता है। मुख्य द्वार से प्रवेश कर, संगमरमर की सीढ़ियों और फर्श पर चलते सरोवर के मध्य जब आप वह भव्य मंदिर देखते हैं, आप नतमस्तक हो जाते हैं। परिक्रमा करते हुए यूँ लगता है कि आप अपने तमाम पापों की क्षमा माँग रहे हैं। यह माहौल ही ऐसा है कि कोई भी व्यक्ति कल्पना भी नहीं कर सकता कि यहाँ कोई उग्रवादी बैठा है। सरकारें कुछ भी कहे, आज भी कई सिख भिंडरावाले को 'संत जी' ही मानते हैं। यह बात मैं कई प्रवासी सिखों से बातचीत के आधार पर भी कह रहा हूँ कि स्वर्ण मंदिर में भारतीय सेना का घुसना सदा के लिए सिखों के दिल में एक ज़ख़्म दे गया, जो शायद कभी न भर पाये। न सिर्फ सिखों को, बल्कि हर भारतीय को यह दर्द साझा करना चाहिये। ऑपरेशन ब्लूस्टार की रिपोर्ताज़ के पुनर्लेखन से पहले, मेरे भी हाथ काँप रहे हैं क्योंकि उस मंदिर की आब-ओ-हवा हम सबको छू चुकी है।

एक सिख ने कहा, "सिर्फ एक व्यक्ति को पकड़ने के लिए न जाने कितने मासूम सिखों और भक्तों का उस दिन ख़ून बहाया गया। आख़िर क्यों?"

इस प्रश्न का उत्तर आख़िर कौन दे सकता है? शायद, कोई नहीं। अब इन भावनाओं से परे हट कर मैं लिखना शुरू करता हूँ, ताकि क़लम लड़खड़ाए नहीं।

दो जून को फ़ौज ने स्वर्ण मंदिर प्रांगण को घेरा ज़रूर, लेकिन एक भी गोली नहीं चलायी। उन्हें यह लगने लगा था कि स्वर्ण मंदिर की व्यस्त गलियों में इस लड़ाई को लड़ना सीमा पर लड़ने से कहीं अधिक कठिन है। उस दिन फ़ौज घेराबंदी करती रही, लेकिन भक्त मंदिर आते रहे। परिक्रमा और दरबार साहब में पूजा सामान्य रूप से चलती रही।

3 जून की रात को स्वर्ण मंदिर कृत्रिम रोशनी से सुसज्जित था, जब पहली बार भारतीय सेना ने गोली चलायी। उस वक़्त मंदिर प्रांगण के आस-पास के हॉस्टलों में सैकड़ों लोग थे और अंदर भिंडरावाले। उनको डराने के लिये ही यह गोलियों की आवाज़ सुनाई गयी होगी। लेकिन, भिंडरावाले इन आवाज़ों के आदी हो चुके थे। वह चाहते तो भाग सकते थे, लेकिन मेजर शाहबेग सिंह ने भरोसा दिला रखा था और यूँ भी उनका भागना कायरता कहलाता। आत्म-समर्पण की संभावना भी न के बराबर थी।

गुरचरण सिंह तोहरा आख़िरी बार उस रात को स्वर्ण मंदिर प्रांगण में भिंडरावाले से मिलने गये। उन्होंने देखा कि अकाल तख़्त अब पूरी तरह एक सैन्य किले में तब्दील हो चुका है। हर खिड़की और छत पर रेत की बोरियाँ लगा दी गयी हैं, जहाँ से बंदूकें तनी हैं। उनको भिंडरावाले के पास ले जाया गया, जहाँ उन्हें भिंडरावाले ने सरकारी एजेंट कह कर बेइज़्ज़त किया। यह आरोप भी अपनी जगह सही थे। तोहरा और लोंगोवाल अब सरकार के साथ ही थे। उनके मन में हालाँकि यह इच्छा ज़रूर रही होगी कि किसी तरह स्वर्ण मंदिर और अकाल तख़्त बच जाये। भले इसके लिए भिंडरावाले के सामने बार-बार घुटने टेकने पड़े।

सेना ने भी ग़लतियाँ की। मसलन हॉस्टलों को खाली नहीं कराया गया। उसमें ठहरे सैकड़ों भक्त मशीन-गनों की आवाज़ सुन कर दुबके पड़े थे। सेना चाहती तो उन्हें बारी-बारी से सुरक्षित स्थान पहुँचा सकती थी। लेकिन, रिपोर्ट यही कहते हैं कि ऐसी कोई घोषणा नहीं की गयी। शायद उन्हें यह आशंका थी कि इस अफ़रा-तफ़री में कई उग्रवादी भी भाग लेंगे। पहले भी उनके हाथों से छूट कर भाग चुके थे। दूसरी शंका यह थी कि कभी भी गोलियाँ चल जायेगी और इस भगदड़ में अधिक लोग मारे जाएँगे। सबसे बड़ी आशंका तो यह थी कि अगर इस ख़बर को सुन कर गाँवों से ट्रक भर कर सिख लड़ने आ गये तो सेना बुरी तरह फँस जायेगी।

ऑपरेशन की पूरी कमांड लेफ़्टिनेंट जनरल सुंदर जी की थी। मेजर जनरल बरार उनके अंतर्गत ऑपरेशन संभाल रहे थे। सुंदर जी यह ऑपरेशन जल्द से जल्द चाहते थे, ताकि मामला 24 घंटे के अंदर सुलझ जाये। अमृतसर से कुछ दूर गाँवों में दंगे पहले ही शुरू हो चुके थे और सुल्तानविंद इलाके में कई हिन्दू दुकानें जलायी गयी थी।

उस 3 जून की रात पंजाब को पूरे देश से काट दिया गया। सड़कें बंद कर दी गयी। फोन लाइन काट दिये गये। हर संचार माध्यम बंद कर दिया गया। ट्रेन, बस, फ्लाइट बंद कर दिये गये। यहाँ तक कि पत्रकारों को बस में बिठा कर हरियाणा छोड़ आया गया। यह ज़माना मोबाइल फ़ोन रिकॉर्डिंग का था भी नहीं। इसलिए ऑपरेशन के लाइव वीडियो बनाना आसान न था। अधिकतर बातें आज भी सुनी-सुनायी आँखों-देखी रिपोर्ट ही है। सिख इसे अपने ढंग से सुनाते हैं और सरकार-समर्थक पत्रकारों ने अपने ढंग से लिखा। सेना अफसरों ने भी अपनी कहानी लिखी। किसमें कितना सत्य है, कोई नहीं जानता।

उसी रात सेना ने पंजाब के 37 और गुरुद्वारों को घेर लिया। उन्हें ख़बर मिली थी कि भिंडरावाले के लोग इन गुरुद्वारों में छुपे हैं। पटियाला गुरुद्वारा में सेना की मुठभेड़ भी हुई जिसमें बीस सिख (कुछ रिपोर्ट के अनुसार 56) मारे गये।

❑

5 जून, 1984

"जवानों! यह ध्यान रहे कि यह मंदिर हम सबके लिये एक पूजा करने की जगह है, लड़ने की नहीं। लेकिन, अब हमारे पास कोई चारा नहीं बचा। आज हमें इसे शत्रु-कैम्प की तरह देखने की नौबत आ गयी है। अंदर हमारे देश का दुश्मन भिंडरावाले बैठा है। हमारा टारगेट वही है, मंदिर को हम बिल्कुल क्षति नहीं पहुँचाएँगे। मैं दुबारा कह रहा हूँ। स्वर्ण मंदिर और अकाल तख़्त को हमें नुकसान नहीं पहुँचाना है!"

मेजर जनरल बरार अपने बटालियनों से

भारतीय सेना के जवान अलग-अलग रेजिमेंट के थे। कोई कुमाऊँ रेजिमेंट का, कोई राजपूत रेजिमेंट का, कोई डोगरा, कोई बिहारी, कोई मद्रासी। कोई सिख, कोई मुसलमान, तो कोई हिन्दू।

बरार ख़ुद घुँघराले, भूरे बालों वाले, बड़े ही आकर्षक फ़ौजी थे। उनके सर पर फ़ौजी टोपी कुछ तिरछी लगी होती और सेना को वह बिल्कुल सामने से

लीड करते। उनके बॉस उस वक़्त कृष्णास्वामी सुंदर जी थे, जो दो साल बाद पूरी भारतीय सेना के आर्मी चीफ़ बनने वाले थे। वह एक काबिल रणनीतिकार और कठोर निर्णय लेने वाले अफ़सर थे।

तीसरे महत्वपूर्ण व्यक्ति थे लेफ़्टिनेंट जनरल रणजीत सिंह दयाल। उन्होंने 1965 के युद्ध में पाकिस्तान से हाजी पीर दर्रा छीना था। वह पगड़ी और दाढ़ी वाले पक्के धर्मनिष्ठ सिख थे। वह चौदह साल की उम्र से नियमित स्वर्ण मंदिर में माथा टेकने आते रहे थे और उनकी सख़्त हिदायत थी कि चाहे कुछ भी हो जाए, कोई भी स्वर्ण मंदिर को बिल्कुल नहीं छूएगा।

लेकिन, यह कैसे मुमकिन होगा?

इसके लिये स्वर्ण मंदिर प्रांगण की संरचना को समझना होगा। जैसा पहले लिखा है कि इसके चार प्रवेश द्वार हैं, केंद्र में सरोवर है, सरोवर के मध्य में स्वर्ण मंदिर है। एक दर्शणार्थी उत्तर दिशा से मुख्य द्वार में प्रवेश करता है, जिसे 'घंटा घर द्वार' भी कहते हैं। वहीं बाहर 'होटल टेम्पल व्यू' है, जिससे मंदिर प्रांगण स्पष्ट दिखायी देता है। साथ ही ब्रह्म बूटा अखाड़ा भी है।

प्रवेश करने के बाद हम सरोवर के किनारे पश्चिम की ओर चलना शुरू करते हैं। वहाँ पश्चिम में ही अकाल तख़्त है, जहाँ उस वक़्त भिंडरावाले की क़िलाबंदी थी। अकाल तख़्त के ठीक सामने ही दर्शन ड्योढ़ी है, जहाँ से सरोवर के मध्य में स्थित स्वर्ण मंदिर के लिये पथ बना है।

दक्षिण द्वार पर पुस्तकालय और आटा मंडी है और पूर्वी द्वार पर स्थित है अकाली दल का कार्यालय, गुरु नानक निवास और अन्य छात्रावास। यहीं पर तमाम दर्शनार्थी मौजूद थे। पहली योजना तो यही थी कि इनको मंदिर से अलग किया जाए ताकि गोली-बारी में न मारे जाएँ। हालाँकि यह कठिन था कि तमाम दर्शनार्थियों को उग्रवादियों से अलग किया जाये।

पूर्वी द्वार पर ही दो 80 फीट ऊँचे टावर थे, जिन्हें रामगढ़िया बुंगा कहा जाता है। ये अठारहवीं सदी में बनाये गये थे और कहा जाता है कि मुगलों का तख़्त-ए-ताऊस (सिंहासन) छीन कर यहीं ले आ गया था। इन दो टावरों के ऊपर रेत की बोरियाँ लगाये भिंडरावाले के स्नाइपर मौजूद थे। इनके साथ ही पानी टंकी भी थी,

जिस पर स्नाइपर मौजूद थे। जैसे ही कोई कमांडो मंदिर में दाखिल होता, वे निशाना साध देते। सबसे पहले तो उन्हें ही ख़त्म करना था।

सेना ने 3.7" हॉवित्जर मंगवाये और इन टावरों पर निशाना साध दिया। समस्या यह थी कि अगर तनिक भी गड़बड़ी होती तो टावर के बदले पीछे हॉस्टल कॉम्प्लेक्स और साथ ही लंगर हॉल उड़ जाता। बहुत सावधानी से आक्रमण किया गया। तीनों टावर पाँच मिनट में मलबे में तब्दील हो गये। उनमें बैठे स्नाइपर भी मारे गये। संभव है कि इस दौरान कुछ निर्दोष लोग मरे हों।

उसके बाद पूर्वी द्वार पर मंदिर प्रांगण और हॉस्टलों के मध्य APC (आर्म्ड पर्सनल कैरियर) लगा दिये गये, ताकि ये दोनों युद्ध-क्षेत्र (हॉस्टल और मंदिर) अलग हो जाएँ लेकिन, कई दर्शनार्थी तो मंदिर प्रांगण में भी मौजूद थे। भिंडरावाले वाले के लोगों ने भी कइयों को रोक रखा था, ताकि सेना हमला न कर सके।

शाम तक यही चलता रहा। सेना के अनुसार, कई सिखों को सुरक्षित स्थान पहुँचाया गया और मंदिर के सभी छोरों को अच्छी तरह घेर लिया गया। जबकि रिपोर्ट के अनुसार कुल 129 लोग ही मंदिर से बाहर आए, कहना मुश्किल था कि बाकी लोग कहाँ गये।

पाँच जून को शाम 7 बजे आख़िर ऑपरेशन ब्लूस्टार पूर्ण रूप से शुरू हुआ। उसके बाद गोली-बारी नहीं रुकी। सबसे पहले सीमा सुरक्षा बल और CRPF के जवानों ने होटल टेम्पल व्यू और ब्रह्मबूटा अखाड़ा क़ब्ज़े में कर लिया। इसका अर्थ था कि उत्तरी द्वार यानी मुख्य घंटाघर द्वार का रास्ता पूरी तरह खुल गया।

कुछ कमांडो ने पश्चिमी छोर पर एक गली से सीधे अकाल तख़्त में घुसने की कोशिश की। संभवत: वह छत तक भी पहुँच गये। लेकिन, वे मारे गये या उनको भागना पड़ा। फ़ौज भी इस कमांडो ऑपरेशन की चर्चा नहीं करती।

एक ही रास्ता था कि मुख्य द्वार यानी उत्तर से कमांडो घुसें और जैसे-तैसे अकाल तख़्त तक पहुँचें। लेकिन, यह ख़तरे से खाली नहीं था।

रात 10 बज कर 30 मिनट पर लेफ़्टिनेंट कर्नल इसरार ख़ान के नेतृत्व में कमांडो पहली बार उत्तरी मुख्य द्वार से अंदर घुसे। लेकिन, उनके घुसते ही

दूसरी ओर (दक्षिण) से गोलियाँ चलने लगी। वहाँ पुस्तकालय और परिक्रमा में भिंडरावाले के लोग तैनात थे। कई तो नीचे मेन-होल से निकल कर गोलियाँ चला कर कहीं गुम हो जाते। कैप्टन जसबीर सिंह रैना, जो सबसे आगे चल रहे थे, उनको गोलियाँ लगी और वह गिर पड़े। यह वही सिख थे, जिन्होंने कहा था कि स्वर्ण मंदिर की सफ़ाई में सबसे पहले मैं शामिल होना चाहता हूँ। रैना गिरने के बाद भी रेंगते हुए गोली चलाते रहे, लेकिन उन्हें खींच कर वापस बाहर ले आया गया।

लगभग दो घंटे की कोशिश के बाद कुछ कमांडो दर्शन ड्योढ़ी तक पहुँचे, तो वहाँ बुरी तरह मारे गये। अकाल तख़्त से धुआँधार गोलियाँ चलने लगी। सेना अगर ग्रेनेड भी फेंकती, तो वह अकाल तख़्त के अंदर गिर ही नहीं पाती। सारे द्वार, सभी खिड़कियाँ रेत की बोरियाँ लगा कर बंद कर दी गयी थी। ग्रेनेड उनसे टकरा कर वापस कमांडो की तरफ़ ही गिरते। एक-एक कर कमांडो मरते रहे और उनका शोणित पवित्र सरोवर में बहता रहा।

एक और पहेली यह थी कि मद्रासी बटालियन दक्षिण के द्वार को भेदने वाली थी, लेकिन उनका कहीं अता-पता नहीं था। शंका थी कि या तो वह कहीं पीछे गलियों में खो गये या मारे गये। दरअसल लेफ़्टिनेंट कर्नल पन्निकर के नेतृत्व में यह बटालियन रामदास सराय के बाहर लगे स्टील दरवाज़ों को नहीं भेद पा रही थी। वहाँ प्याऊ के पास छिपे उग्रवादी उन पर आक्रमण कर रहे थे। बिहारी बटालियन स्वर्ण मंदिर प्रांगण के बाहरी सुरक्षा बिंदुओं पर पैट्रोलिंग कर रही थी और वहाँ भी गलियों में गोलियाँ चल रही थी। आख़िर कुमाऊँ के गढ़वाली बटालियन दक्षिण द्वार भेदने में कामयाब हुए और पुस्तकालय की छत तक पहुँच पाये। लेकिन, उनमें भी कई घायल हुए और मारे गये। कुमाऊँ बटालियन की कमांड ब्रिगेडियर दीवान के हाथ में थी, जिन्हें ख़तरों से खेलने का शौक़ था। फ़ौज में उन्हें लोग इस फुर्ती के लिये 'चिकेन' बुलाते थे।

जब दक्षिण द्वार पर गढ़वालियों ने जगह बना ली, तब जाकर मद्रासी बटालियन लगभग तीन बजे सुबह भूले-भटके पूर्वी द्वार पर पहुँचे; और अंधेरे में ब्रिगेडियर दीवान के बटालियन पर ही गोली चलाने लगे।

दीवान चिल्लाये, "डॉन्ट शूट! यू फूल्स! इट्स अस!"

अब पूर्वी, उत्तरी और दक्षिणी द्वार पर सेना क़ाबिज़ थी, लेकिन अब तक 137 लोग मारे जा चुके थे। पश्चिम में अकाल तख़्त अब भी ज्यों का त्यों था।

मेजर जनरल बरार को लगने लगा कि यह ऑपरेशन इतना आसान नहीं। मेजर शाहबेग सिंह ने ऐसी क़िलाबंदी कर रखी थी, जिसे भेदना लगभग असंभव था।

बरार ने कहा, "मैं अब एक भी फ़ौजी की मौत बर्दाश्त नहीं कर सकता। मुझे सुबह होने तक जीत हर हाल में हासिल करनी है। वरना सूरज निकलते ही, पूरे पंजाब से उग्रवादी यह इलाका घेर लेंगे और हम बुरी तरह फँस जाएँगे।"

उन्होंने सेना के टैंक बुलवाने का फ़ैसला किया। दिल्ली ख़बर भेजी गयी, जहाँ इंदिरा गांधी, उप-रक्षा मंत्री के.पी. सिंह देव और अरुण सिंह पल-पल की ख़बर मॉनिटर कर रहे थे। कुछ विचार-विमर्श के बाद मंदिर में टैंक भेजने की इजाज़त दे दी गयी।

मेजर जनरल के अनुसार यह टैंक बस इसलिये मंगवाया गया, क्योंकि रात हो गयी थी। टैंकों में हैलोजेन लैम्प लगे होते हैं, जिनकी रोशनी से अकाल तख़्त में बैठे उग्रवादियों की आँख चौंधिया जाती। इस बीच कमांडो अंदर घुस जाते। लेकिन, इस कथन पर प्रश्न उठते रहे हैं कि क्या बस हैलोजेन लैम्प के लिये स्वर्ण मंदिर के अंदर टैंक घुसा दिये गये या यह योजना पहले से थी।

तीन विजयंता टैंक अमृतसर की सड़कों से जालियाँवाला बाग से गुज़रते हुए आख़िर स्वर्ण मंदिर के पूर्वी द्वार पहुँचे। उन पर भी पूरे रास्ते गोली-बारी होती रही। आख़िर टैंकों ने स्वर्ण मंदिर के पूर्वी द्वार पर संगमरमर की सीढ़ियों को रौंदते हुए अंदर प्रवेश किया।

टैंको के अंदर भेजने से ठीक पहले लगभग चार बजे सुबह, पहले एक APC (आर्म्ड पर्सनल कैरेज) अंदर भेजा गया। जैसे ही APC अकाल तख़्त के नजदीक पहुँची, भिंडरावाले के लोगों ने एक चीनी रॉकेट प्रोपेलर से APC को उड़ा दिया। सेना को इसका अंदाज़ा भी नहीं था, कि इनके पास ऐसे ख़तरनाक अस्त्र मौजूद हैं। ये अस्त्र आये कहाँ से? सीमा पार से?

अब कोई रास्ता नहीं बचा था, सिवाय टैंक से अकाल तख़्त उड़ाने के। मेजर जनरल बरार का लिया एक वचन टूटने वाला था। पवित्र अकाल तख़्त अब ढहने वाला था।

पूर्वी द्वार पर खड़े टैंकों को पश्चिम में अकाल तख़्त पर बमगोले दागने थे और केंद्र में था स्वर्ण मंदिर। लेकिन उन टैंकों का निशाना इतना पक्का था कि ताबड़-तोड़ बमगोले चलाये गये और स्वर्ण मंदिर को संभवत: उससे कम हानि पहुँची। हालाँकि ऑपरेशन ख़त्म होने तक स्वर्ण मंदिर में लगभग तीन सौ छर्रों और गोलियों के निशान देखे गये। अकाल तख़्त का सामने का हिस्सा पूरी तरह ढह गया। एक खंभा भी नहीं बचा। लेकिन, आश्चर्यजनक रूप से वह कमरा बच गया जिसमें गुरु ग्रंथ साहिब रखा था। उसकी रक्षा कर रहे थे सेवादार हरि सिंह।

जब टैंक से बमबारी शुरू हुई, भिंडरावाले के दायें हाथ अमरीक सिंह उस कमरे में आये और कहा, "आप अब गुरु ग्रंथ साहिब लेकर निकल जाइए। टैंक का मुक़ाबला हम नहीं कर पायेंगे।"

थोड़ी देर बाद भिंडरावाले ख़ुद उस कमरे में आये, वहाँ मत्था टेका और कहा, "जिन्हें शहीद होना है, मेरे साथ रुक जाएँ। बाकी लोग निकल जाएँ।"

वहाँ से निकलते ही पहले अमरीक सिंह सेना की गोली-बारी से ढेर हो गये। कुछ लोग पीछे सीढ़ी लगा कर भागने लगे। इस बात पर द्वंद्व है कि भिंडरावाले और शाहबेग सिंह भागने में कामयाब हुए या नहीं। या फिर थोड़ी देर भागने पर बाहर खड़ी बिहार रेजिमेंट ने उन्हें गोली मार दी। सेना के अनुसार उनकी लाशें अकाल तख़्त के अंदर ही मिली। जबकि कुछ लोग मानते हैं कि उन्हें सेना बाद में अकाल तख़्त लेकर आयी।

सेवादार हरि सिंह की बात में भी मतभेद है। मंदिर के जत्थेदार ज्ञानी पूरन सिंह के अनुसार गुरु ग्रंथ साहिब उस दिन अकाल तख़्त नहीं ले जाया गया। बल्कि, वह उसे स्वर्ण मंदिर में ही लेकर बैठ गये। बल्कि, अगले दिन सेना की गोलियों से गुरु ग्रंथ साहिब में छेद भी हो गया।

ख़ैर, अब चरमपंथियों का सेनापति गिर चुका था, राजा गिर चुका था।

लेकिन, अब भी स्वर्ण-मंदिर प्रांगण में और आस-पास गोलियाँ चल ही रही थी। उन्हें ख़बर नहीं थी कि भिंडरावाले मारे जा चुके।

दूसरी तरफ़ अलग ही ऑपरेशन चल रहा था। कुमाऊँ रेजिमेंट के लोग जब हॉस्टल कॉम्प्लेक्स पहुँचे तो वहाँ लोंगोवाल और गुरचरण सिंह तोहरा कच्छा-बनियान में पसीने में लथ-पथ बैठे मिले। पानी टंकी उड़ाने के बाद अब उनके पास एक बूँद पानी भी नहीं था। सेना उन्हें बंदी बना कर ले गयी (अन्य संदर्भ के अनुसार भिंडरावाले के लोगों से बचा कर ले गयी)। इस ऑपरेशन के दौरान भी आरोप लगाये जाते हैं कि सेना ने हॉस्टल में अंधा-धुंध गोलियाँ चलायी और कई निर्दोष मारे गये। सुबह वहाँ से लगभग सत्तर लाशें बरामद हुई, जिनमें अधिकतर अकाली दल कार्यकर्ताओं की थी।

उन्हीं हॉस्टलों के मध्य तेजा सिंह समुंदरी हॉल से भिंडरावाले के ख़ास हरमिंदर सिंह संधू को भी गिरफ़्तार किया गया। यह वो व्यक्ति थे, जिन्होंने कभी भिंडरावाले के लिये जान देने की बात कही थी। अब यहाँ छुप कर बैठे थे। इन्हीं को रॉ और ISI का डबल-एजेंट 'फाल्कन' भी कहा जाता है। सच क्या है, कोई नहीं जानता।

अब सुबह हो चुकी थी। ब्रिगेडियर दीवान दक्षिण द्वार के बाहर पूरी-सब्जी खा रहे थे, कि तभी पुस्तकालय से स्नाइपर गोलियाँ चलनी शुरू की। वहाँ दूसरी तरफ़ खड़ी मद्रास बटालियन ने उन पर अंधा-धुंध गोलियाँ चलायी। सेना के अनुसार, मात्र इन तीन स्नाइपर को मारने में उनका पूरा दिन लग गया और चार बजे शाम तक ही वे मारे जा सके। इस गोली-बारी में पुस्तकालय के तमाम दुर्लभ ग्रंथ जल कर राख हो गये। कई सिख यह आरोप लगाते रहे हैं कि सेना ने जान-बूझ कर पुस्तकालय में आग लगायी।

पाँच बजे शाम को सेना ने घोषणा की, "अगर कोई भी मंदिर प्रांगण के अंदर मौजूद हों, तो बाहर आ जाएँ।"

लोग एक-एक कर हाथ खड़े किये बाहर निकलने लगे। मेजर जनरल बरार ख़ुद अंदर आकर जाँच कर रहे थे। स्वर्ण मंदिर के अंदर भी सेना ने प्रवेश किया और तलाशी ली। सेना के अनुसार स्वर्ण मंदिर के अंदर भी उग्रवादी छुपे बैठे थे

और उन पर गोलियाँ चला रहे थे। सेना ने भी जवाबी गोलियाँ चलायीं, जिसमें कुछ जानें गयीं। लेकिन, किसी भी हालत में सेना ने इस अनुशासन का पालन ज़रूर किया कि स्वर्ण मंदिर का ढाँचा, उसके स्तंभ, उसकी छत सही-सलामत रहे। उन पर जान-बूझ कर कोई भी बमबारी नहीं की गयी।

शाम को सेना अकाल तख़्त में पहुँची और वहाँ की लाशों का मुआयना किया। 7 जून की सुबह ही भिंडरावाले, शाहबेग सिंह और अमरीक सिंह की लाशें अकाल तख़्त के एक ध्वस्त कमरे में मिली। उसी संध्या 7 बज कर 39 मिनट पर भिंडरावाले का अंतिम संस्कार सेना द्वारा किया गया। लगभग दस हज़ार सिख बाहर इकट्ठा हो गये थे, लेकिन सेना ने मात्र परिवार वालों को इसमें शामिल होने दिया। भिंडरावाले और अन्य सहयोगियों को वहीं मंदिर के बाहर जला दिया गया। शाहबेग सिंह का परिवार भी वहाँ नहीं पहुँच सका। यह संभव भी नहीं था।

सेना के अनुसार इस ऑपरेशन में कुल 83 फ़ौजी मारे गये और 249 फ़ौजी घायल हुए। 493 नागरिक मारे गये, जिनमें कई निर्दोष थे। उनकी क़िस्मत बुरी थी कि वे उस वक़्त वहाँ मौजूद थे। ध्यान रहे कि यह संख्याएँ सरकारी हैं और इसमें अर्धसैनिक बलों की मौतें नहीं गिनी गयी। अंदाज़ा लगाया जाता है कि इस ऑपरेशन के दौरान तीन हज़ार से अधिक मौतें हुई और लाशों को एक साथ हड़बड़ी में जलाया गया।

दरअसल सेना ने भिंडरावाले की ताकत को कम आँका था। लेफ़्टिनेंट जनरल सुंदर जी के अनुसार, उनके पास स्वर्ण मंदिर प्रांगण का पक्का मानचित्र भी था। यह मानचित्र बनाना तो बहुत ही आसान था। कोई भी जासूस प्रांगण में पहले जाकर कोने-कोने की तस्वीर बना सकता था। उन्होंने सोचा कि यह कोई साधारण उग्रवादी होगा, जिसे एक झटके में उड़ा देंगे। लेकिन, भिंडरावाले कहीं अधिक शक्तिशाली निकले। इस इंटेलिजेंस ग़लती का ख़ामियाज़ा सेना ने भी भुगता और तमाम दर्शनार्थियों ने भी।

सेना के एक अफ़सर ने ही पत्रकार सतीश जैकब को कहा, “अगर ये भिंडरावाले की सेना जैसे बस तीन डिवीजन हमें मिल जाएँ तो हम जिया-उल-हक़ की पुंगी बजा दें।”

लेकिन अफ़सोस कि भिंडरावाले की वह मजबूत सेना देश के लिए नहीं, देश के ख़िलाफ़ लड़ रही थी।

एक भिंडरावाले के मरते ही पंजाब में सैकड़ों भिंडरावाले खड़े होने लगे। इस घटना ने कई प्रगतिवादी सिखों को भी हिला कर रख दिया। ज्ञानी जैल सिंह ने इंदिरा गांधी को बुला कर उन्हें कहा कि इतने बड़े ऑपरेशन की सूचना उन्हें कैसे नहीं दी गयी? कैप्टन अमरिंदर सिंह ने कांग्रेस से ही इस्तीफ़ा दे दिया। यहाँ तक कि इंदिरा गांधी के ख़ास ख़ुशवंत सिंह ने अपने पुरस्कार वापस कर दिये।

राष्ट्रपति जैल सिंह 6 जून को ही स्वर्ण मंदिर पहुँच गये, जब स्नाइपर वहाँ मौजूद ही थे। वहाँ प्रांगण में बिखरी लाशों को देख कर वह रो पड़े। जिस वक़्त वह परिक्रमा कर रहे थे, तभी एक गोली उनके साथ चल रहे सैनिक को लगी। ज्ञानी जैल सिंह साथ में दूरदर्शन के कैमरामैन भी ले गये थे, जिन्होंने वहाँ के हालात प्रसारित किये। उन्होंने पहले कहा था कि वह इस्तीफ़ा देने वाले पहले राष्ट्रपति होंगे, लेकिन उन्होंने इस्तीफ़ा नहीं दिया। उन्होंने दूरदर्शन पर आकर सरकार के इस कारनामे की खुल कर निंदा की।

लेकिन, इन सबसे भारी पड़ी एक नाराज़गी। फ़ौजी सिखों का गुस्सा जब उबला, फिर तो विद्रोह छिड़ना ही था। सिख भारतीय सेना के एक बड़े और महत्वपूर्ण हिस्सा हैं। जब उन्होंने टी. वी. पर स्वर्ण मंदिर में अश्रुपूरित आँखों के साथ मुआयना करते ज्ञानी जैल सिंह को देखा, उनमें से कुछ का ख़ून खौल गया।

❑

7 जून, सुबह 9 बजे, गंगानगर छावनी

सेना की नौवीं बटालियन आज रोज़ की तरह सीमा पर पेट्रोल नहीं कर रही थी। वह गुस्से में गंगानगर की सड़कों पर बंदूकें लेकर उतर आये थे। एक-दो नहीं, पूरे छह सौ सैनिकों ने विद्रोह कर दिया था। उनकी नाराज़गी थी कि आख़िर अगर ऐसा कोई ऑपरेशन होना था, तो उन्हें बताया क्यों नहीं गया। स्वर्ण मंदिर के अंदर टैंक कैसे घुस गयी?

वह गंगानगर की सड़कों पर नारे लगाते जा रहे थे, "भिंडरावाले अमर रहे।"

जब स्थानीय पुलिस ने उन्हें रोकना चाहा, उन पर गोलियाँ चला दी और एक पुलिस कॉन्स्टेबल की मृत्यु हो गयी।

उसके बाद इन्होंने दो टुकड़ियाँ बनाने का फ़ैसला किया। आधे लोग दिल्ली की ओर निकले और आधे पाकिस्तान की ओर। उनकी योजना था कि सीमा पार कर छापामार युद्ध लड़ेंगे।

आख़िर राजपूताना राइफल की बटालियन ने आकर इन विद्रोहियों को क़ाबू में किया, लेकिन फिर भी कुछ लोग सीमा पार कर पाकिस्तान पहुँच गये।

पाकिस्तान ने इन फ़ौजियों और तमाम भागे हुए सिखों का स्वागत किया और उन्हें खालिस्तानी उग्रवादियों के कैम्प में भेजा गया। दूसरी ओर, उन्होंने यह भी दावा कर दिया कि भिंडरावाले उनके पास है और ज़िन्दा है। वह बीस जून को भिंडरावाले को टी. वी. पर दिखायेंगे। ऐसी अफ़वाहें बाद में भी चलती रही, लेकिन भिंडरावाले कभी लौट कर नहीं आये।

इससे भी बड़ा विद्रोह अगले दिन छिड़ा बिहार के रामगढ़ में स्थित सिख रेजिमेंट में। वहाँ एक धर्मनिष्ठ सिपाही ज्ञानी गुरनाम सिंह थे। वह पहले भी सिख फ़ौजियों को धर्म का ज्ञान देते रहे थे। जब उन्हें इस ऑपरेशन ब्लूस्टार की जानकारी मिली, उन्होंने गुरुद्वारे में सिखों को इकट्ठा किया। इतवार का दिन था तो यूँ भी गुरुद्वारे में भीड़ थी। दस बजे सुबह सिख सिपाहियों ने रेजिमेंट के हथियारखाने पर हमला बोल दिया और तमाम हथियार छीन लिये।

ब्रिगेडियर पुरी को जब ख़बर मिली कि उनके रेजिमेंट में विद्रोह हो गया, वह भागे आये। लेकिन, उन पर ताबड़तोड़ गोलियाँ बरसा दी गयी। घायल पुरी को अस्पताल ले जाया गया, लेकिन उन्होंने दम तोड़ दिया। अब ब्रिगेडियर ही मारे गये, तो अफ़रा-तफ़री मचनी ही थी।

गुरनाम सिंह के साथ 1461 सैनिक थे! इतनी बड़ी सेना लेकर वह रामगढ़ से अमृतसर की ओर निकले। उन्होंने तमाम फ़ौजी गाड़ियाँ और कई सिविलियन गाड़ियाँ उठा ली थी। बनारस पहुँचने से पहले ये दो टुकड़ियों में बँट गये। एक टुकड़ी को सक्तेसगढ़ रेलवे स्टेशन के पास घेरा गया। वहाँ भीषण गोलीबारी हुई।

दूसरी टुकड़ी को भी सेना की बीसवीं इंफ़ेन्ट्री ब्रिगेड ने रोका। आपसी फ़ायरिंग में कुल 35 फ़ौजी मारे गये।

इसी तरह जम्मू, पूना और उत्तर-पूर्व भारत में भी सिख सैनिकों ने विद्रोह किया। सिर्फ पंजाब ही नहीं, देश जल रहा था। अफ़वाहों का बाज़ार इस आग में घी डाल रहा था। कहा गया कि स्वर्ण मंदिर के अंदर भारतीय सेना के जवान बैठ कर सिगरेट-शराब पी रहे हैं। वहाँ के सरोवर में गंदगी फैला रहे हैं। इस बात में कुछ सच्चाई भी रही होगी। सेना के लिये तो यह यूँ भी अब एक युद्ध-स्थल या उग्रवादी कैंप था। एक सरकारी नोटिफिकेशन के अनुसार ऑपरेशन ब्लूस्टार को सात लाख क्वार्टर रम, तीस हज़ार क्वार्टर व्हीस्की, साठ हज़ार क्वार्टर ब्रांडी और एक लाख साठ हज़ार बीयर बोतल सैंक्शन किये गये थे!

कई दिनों तक सेना स्वर्ण मंदिर में जमी रही। इंदिरा गांधी ने कहा था कि अकाल तख़्त का पुनर्निर्माण सरकार ही करायेगी। उसी का काम चल रहा था। जबकि सिख इसके सख़्त ख़िलाफ़ थे। उन्होंने यूँ भी बाद में सरकारी ढाँचा तोड़ कर पुनर्निर्माण ही किया।

ऑपरेशन ब्लूस्टार ने सिखों को ऐसा दर्द दिया, जिसकी आग पंजाब के हर गाँव और कस्बे में कई वर्षों तक चलती रही। युवाओं के हाथ बंदूकें आ गयी। पाकिस्तान से स्मगल होकर हथियार आने लगे। उनके मन में बदले की आग दहकने लगी। उसी कड़ी में प्रधानमंत्री इंदिरा गांधी की हत्या उनके सिख अंगरक्षकों ने ही कर दी।

इंदिरा गांधी के हत्यारे सतवंत सिंह को जब कोर्ट लाया गया, तो वहाँ मूत्रालय में एम्स के डॉक्टर डोगरा उसके सामने आये। डॉक्टर डोगरा ने इंदिरा गांधी ने पोस्ट-मॉर्टम किया था।

सतवंत सिंह ने पूछा, "डॉक्टर साहब! आपको मेरी वजह से तकलीफ़ हुई, माफ़ी चाहता हूँ। लेकिन यह तो बता दो कि इंदिरा गांधी के शरीर में कितनी गोलियाँ गयीं।"

डॉक्टर डोगरा ने कहा, "इकत्तीस!"

सतवंत ने कोर्ट में कहा, "मेरी शहीदी के बाद मेरे शरीर का हर हिस्सा दान देना, बस आँखें देने से पहले मेरे माँ-बाप से पूछ लेना। मुझे हिन्दू, मुसलमान या ईसाई, किसी से नफ़रत नहीं। मेरी शहीदी के बाद कोई भी सिख किसी हिन्दू को पत्थर न मारे। फिर हम में और राजीव गांधी में फ़र्क़ ही क्या रह जायेगा? मैं वाहेगुरु से अरदास करता हूँ कि मुझे अगली ज़िंदगी भी एक वीर की दे। इंदिरा गांधी जैसे दुष्ट को मारने के लिये मैं एक तो क्या, सौ जन्म लेने को तैयार हूँ और हर बार हँसते-हँसते शहीद होने को तैयार हूँ।"

उपसंहार

30 सितंबर, 2012. लंदन

लंदन और कनाडा। ये सिखों की भी ज़मीन है। वर्षों से सिख यहाँ बसे हैं, उनके मुहल्ले बसे हैं, गुरुद्वारे बने हैं, काम-धंधे चल रहे है। कई ग़ैरक़ानूनी तरीक़े से आये, तो कई कानूनी। कइयों ने खालसा भेष बना रखा है, तो कुछ ने पगड़ी डाल रखी है और कइयों ने केश छँटवा लिये। ये पंजाब से मीलों दूर हैं, लेकिन इनके दिल में आज भी पंजाब बसा है। रहन-सहन में, गीत-संगीत मे, खान-पान में और कुछ सिखों के मन में एक काल्पनिक देश बसा है— खालिस्तान!

उस दिन एक वृद्ध भारतीय दंपति अपने होटल से लंदन की सैर पर निकले। वह बस में बैठ कर नज़ारे देख रहे थे। उनके साथ ही हरजीत कौर नामक एक 39 वर्षीय महिला बैठी थी। जहाँ-जहाँ वे जाते, हरजीत साथ हो लेती। ज़ाहिर है, वह इनका पीछा कर रही थी। वह मोबाइल पर मेसेज कर उनके लोकेशन भी किसी को भेज रही थी।

लंदन के क्यूबेक स्ट्रीट पर जब यह दंपति पहुँचे और यूँ ही फुटपाथ पर चलने लगे कि तीन सिखों ने उन पर हमला कर दिया। चाकू से गला रेत दिया गया। यह लेफ़्टिनेंट जनरल कुलदीप सिंह बरार पर किये गये कई हमलों में से एक था। और इस बार फिर ऑपरेशन ब्लूस्टार के नायक बच गये। ऐसी क़िस्मत जनरल अरुणकुमार वैद्य की नहीं थी। 1984 में ऑपरेशन के समय वह भारतीय सेना के आर्मी चीफ़ थे। 1986 में रिटायर होकर उन्होंने कमान ब्लूस्टार के दूसरे नायक सुंदर जी को दी थी। जब वह पुणे में अपने नये-नवेले बंगले से अपनी सफेद मारुति कार से निकले, उनको गोली मार दी गयी।

अब इस ऑपरेशन को कई वर्ष हो गये। पंजाब से उग्रवाद जाता रहा और यह एक ख़ुशहाल राज्य बन गया। पंजाब के बिना भारत की कल्पना ही असंभव

है। इसकी ऊर्जा, जिजीविषा, संस्कृति, उत्साह, संगीत सब कुछ भारतीयता को पहचान देती है। यह अधिकतर भारतीय मानेंगे कि ऑपरेशन ब्लूस्टार एक मुश्किल निर्णय था, जो एक ख़ास परिस्थिति से जन्मा था। ऐसा कोई भी ऑपरेशन हमें भविष्य में न करना पड़े, यही सब चाहेंगे।

7 जून, 2020 को अकाल तख़्त के जत्थेदार ज्ञानी हरप्रीत सिंह ने कहा कि हर सिख आज भी खालिस्तान चाहता है। अगर भारत की सरकार हमें देती है, तो हम ख़ुशी-ख़ुशी लेंगे। आगे उन्होंने कहा कि 36 वर्षों से हमारा शोषण हो रहा है। यह भी सच है कि भिंडरावाले आज भी कई सिखों के लिये पूज्य शहीद हैं।

भिंडरावाले शायद उस जगह नहीं पहुँचते, अगर राजनीति न होती। अगर संजय गांधी ने उनको अकाली दल के मुक़ाबले खड़ा नहीं किया होता। अगर ज्ञानी जैल सिंह ने दरबारा सिंह से अपनी रंजिश के चलते भिंडरावाले का साथ नहीं दिया होता। अगर पहली गिरफ़्तारी के बाद इंदिरा गांधी और जैल सिंह ने उन्हें छोड़ा नहीं होता। अगर अकाली दल अपने राजनैतिक फ़ायदे के लिए उनके साथ न होती। अगर स्वर्ण मंदिर में उनके हथियारों को नहीं पहुँचाया जाता। अगर पाकिस्तान अपना अलगाववादी खेल न खेलती। अगर सियासत न होती।

लेकिन, सियासत तो अभी और होनी थी। सिर्फ पंजाब ही नहीं, असम को भी जलना था। इंदिरा गांधी की मृत्यु के बाद राजीव गांधी का राज्याभिषेक हुआ। उसके साथ ही एक घिनौना खेल शरू हुआ, जिसने सिखों के ताजे ज़ख़्म पर फिर से नमक छिड़क दिया।

❑

1 नवंबर, 1984. तीनमूर्ति भवन

इंदिरा गांधी का पार्थिव शरीर तीनमूर्ति भवन में जनता के अंतिम दर्शन के लिए लाया गया। लेकिन, यह आश्चर्य था कि भारत की सबसे शक्तिशाली प्रधानमंत्री कही जाने वाली इंदिरा गांधी को देखने अपेक्षाकृत कम ही भीड़ उमड़ी। इससे अधिक लोग तो उनके बेटे संजय गांधी को देखने आए थे। इसका कारण था डर का माहौल!

दिन-दहाड़े देश के प्रधानमंत्री की ही गोली मार कर हत्या कर दी जाए, तो जनता का दुबकना वाज़िब है। आख़िर कौन सुरक्षित महसूस करेगा? अफ़वाहबाजों ने अफ़वाह उड़ा दी कि सिखों ने दिल्ली के पानी में ज़हर मिला दिया है। कई लोगों ने पानी पीना बंद कर दिया। किसी ने कहा कि सिख गुरुद्वारों से आक्रमण करने वाले हैं, जगह-जगह बम फेंकने वाले हैं। जबकि सिख तो स्वयं छुप कर बैठे थे कि उन पर जनता का गुस्सा न उमड़ पड़े। टैक्सियाँ चल नहीं रही थी, बसें बंद पड़ी थी। ऐसे में कोई तीनमूर्ति भवन पहुँचे कैसे? वहाँ तो कांग्रेसी कार्यकर्ता ही आए होंगे।

तीनमूर्ति भवन में इंदिरा गांधी के शव के सामने ही कुछ युवकों ने नारे लगाने शुरू कर दिये थे,

'ख़ून का बदला ख़ून'

यह नारा धीरे-धीरे ऊँचा होता गया और भीड़ संगठित होने लगी। वहाँ से निकल कर उन्हें मालूम था कि कहाँ जाना है। जो दिल्ली का भूगोल थोड़ा-बहुत जानते हैं, उन्हें अंदाज़ा लग गया होगा कि कहाँ गये होंगे। गुरुद्वारा रकाबगंज में जुलाई 2019 में मैं भी खड़ा था और यह दृश्य सोच कर काँप उठा था।

तीनमूर्ति भवन से एक उन्मादी भीड़ संसद भवन के ठीक सामने स्थित प्रतिष्ठित गुरुद्वारे की ओर बढ़ रही थी। पुलिस का क़ाफ़िला वहाँ मौजूद था, ACP कौल नेतृत्व कर रहे थे, लेकिन इस भीड़ के सामने हाथ पर हाथ धरे बैठे थे। उनके सामने ये लोग गुरुद्वारे में घुसे, सिखों की पगड़ियाँ उतार कर फेंकी और उनके बाल खींचे। दो सिखों के गले में टायर डाल कर उन्हें ज़िन्दा जला दिया। पुलिस यह सब देखती रह गयी।

जब भीड़ यह कुकृत्य कर लौट रही थी, तो एक एम्बैसेडर गाड़ी के बाहर सफेद कुर्ते में खड़े एक व्यक्ति हाथ से इशारा कर रहे थे। भीड़ रुक गयी। उसके बाद वह भीड़ तितर-बितर हो गयी। बस एक जादुई इशारे पर। पत्रकार संजय सूरी यह सब देख रहे थे, बाद में कमीशन के सामने गवाही दी।

कमीशन ने माना कि सिखों की भीड़ द्वारा हत्या हुई, लेकिन इसके पीछे किसका हाथ था, यह सिद्ध नहीं हो पाया। वह सफ़ेद कुर्ते में खड़े व्यक्ति तो यूँ भी भीड़ को रोक ही रहे थे, उकसा नहीं रहे थे। अब यह तो सामान्य ज्ञान है कि जिस

व्यक्ति के एक इशारे पर भीड़ रुक जाती है, उसके इशारे पर ही वह अंदर भी गयी होगी। वे उसके अपने ही लोग होंगे। मुमकिन है कि वही लेकर भी आया हो। सबसे बड़ी बात कि वह वहाँ कर क्या रहे थे?

वह तो मध्यप्रदेश के छिंदवारा के एक युवा कांग्रेसी सांसद थे, जिनकी रकाबगंज गुरुद्वारा के बाहर होने की कोई वजह उस वक़्त नहीं थी। हालाँकि, उन्होंने कहा कि उन्हें राजीव गांधी ने ही भीड़ को शांत करने भेजा था। उन्होंने कमीशन को यह भी कहा कि भीड़ को शक था कि गुरुद्वारे के अंदर हिन्दुओं को क़ैद कर रखा गया है। गुरुद्वारे के अंदर ऐसी किसी गतिविधि की जानकारी नहीं मिली। न ही यह सिद्ध हो सका कि सांसद द्वारा तीनमूर्ति भवन से यह भीड़ भड़का कर भेजी गयी थी और वह उनके पीछे अपनी गाड़ी से आये थे। रकाबगंज गुरुद्वारा के पास एक और युवा सांसद रामविलास पासवान का घर था, जिनसे भी ख़ास जानकारी नहीं मिली सकी। ख़ैर, उन सफेद कुर्ते वाले सांसद का नाम कमल नाथ था, जो बाद में केंद्रीय मंत्री और मध्य प्रदेश के मुख्यमंत्री भी बने।

❑

उसी दिन मंगोलपुरी इलाके में पालम रेलवे मुख्य मार्ग पर सांसद सज्जन कुमार एक भीड़ को कह रहे थे,

“इन सिखों ने हमारी माँ की हत्या की है। जो भी इन सपोलों को मारेगा, उसे ईनाम दिया जाएगा। रोशन सिंह और बाग सिंह को मारने वाले को पाँच-पाँच हज़ार, बाकी सिखों को मारने वाले को एक-एक हज़ार। तीन तारीख़ को मेरे पी.ए. जय चंद जमादार से मिल कर अपने-अपने पैसे ले लेना।”

यह भाषण मोती सिंह नामक एक सिख कांग्रेसी नेता ने सुना। उसके ठीक बाद ब्रह्मानंद गुप्ता नामक सुल्तानपुरी के एक कांग्रेस नेता ने किरासन तेल बाँटे, जिससे सिख घरों में आग लगाए गए। शकरपुर में सूचना प्रसारण मंत्री एच. के. एल. भगत कथित रूप से श्याम त्यागी नामक एक कांग्रेसी नेता को दंगे के लिए पैसे और शराब की व्यवस्था कर रहे थे। दिल्ली ही क्या, बोकारो में पी. के. त्रिपाठी नामक कांग्रेसी नेता अपने ही पेट्रोल पंप से पेट्रोल बाँट रहे थे। इस भीड़ को भला कौन कहाँ रोकता? रोकने वाले भी तो मिले हुए थे।

कुसुमलाल मित्तल रिपोर्ट के अनुसार,

'SHO श्री भट्टी और हेड कॉन्स्टेबल जय चंद ने पहले सिखों को घर में बंद रहने को कहा कि अन्यथा गोली मार दी जाएगी। जैसे ही वे घर में बंद हुए, भीड़ ने आकर उनको चुन-चुन कर मार डालना शुरू किया।'

भले ही अधिकतर आरोपी बरी होते चले गये, लेकिन इसमें कोई दो राय नहीं कि यह कांग्रेसी कार्यकर्ताओं की भीड़ थी। ऐसा संगठन और सामान इतनी जल्दी जुटाना भला और कैसे संभव होता? यह गवाही तो कई सिखों ने दी है कि सज्जन कुमार के भड़काए लोग ही यह सब कर रहे थे।

उस समय जाँच कर रहे पुलिस अफ़सर वेद मरवाहा ने संजय सूरी को दिये साक्षात्कार में कहा,

"एक सिख महिला अपने पति को अपने सामने ज़िन्दा जलता हुआ देख रही थी। वह पूरे मुहल्ले में गुहार लगाती रही, लेकिन कोई भी मदद के लिए नहीं आया। उनके पति ने उनके सामने दम तोड़ दिया।"

त्रिलोकपुरी में तो राजस्थानी सिख थे, जिनका पंजाबी सिखों से लगभग कोई रिश्ता नहीं। वे दलित या मजहबी सिखों में कहे जा सकते हैं। मैं उस इलाक़े को क़रीब से जानता हूँ और वहाँ पास ही लंबे समय रहा हूँ। यह संजय गांधी का बसाया इलाका है। जब तुर्कमानी गेट के मुसलमानों की बस्तियाँ तोड़ी गयी, उनको उठा कर यहाँ यमुना पार पटक दिया गया। बाद में यहाँ गरीब हिन्दू और सिख भी आकर बस गये। इन गरीबों को मारना या जलाना क्या मुश्किल था? सैकड़ों को मौत के घाट उतार दिया गया और वह भी त्रिलोकपुरी थाने से बस कुछ ही दूर। पालम, सुल्तानपुरी और त्रिलोकपुरी में सबसे अधिक हत्याएँ हुई। ये तीनों ही इलाके गरीब और मध्यम-वर्गीय सिखों के थे। यह भी माना जाता है कि अगर जाट सिखों या रसूखदार सिखों की हत्याएँ अधिक होती, तो पंजाब में इसका बदला ज़रूर लिया जाता। ख़ास कर जब अभी स्वर्ण-मंदिर का ज़ख़्म भरा भी नहीं था, पंजाबी हिन्दुओं के लिए यह बदला भारी पड़ता। दूसरा कारण यह भी माना जाता है कि पंजाबी हिन्दुओं ने दिल्ली में सिखों को शरण दी और उनकी मदद की। इसलिए उनसे बैर न रहा।

दिल्ली में 31 अक्तूबर से रात से जब दंगे हो रहे थे, तो ऐसा भी नहीं था कि दिल्ली पुलिस सो रही थी। दिल्ली पुलिस में ऐसे लोग थे, जो जाग रहे थे। यह और बात है कि उन्हें भी सुलाने की कोशिश हो रही थी।

उस पूरी रात एडिशनल DCP मैक्सवेल परेरा सिखों की सुरक्षा के लिए लगे रहे। उन्हें दंगों से बचा कर सुरक्षित स्थान पहुँचाते रहे। अगली सुबह उन्हें दिल्ली के पुलिस कमिश्नर का फोन आया।

"मैक्सी! तुम फौरन तीनमूर्ति भवन पहुँचो। तुम्हें प्रधानमंत्री की सुरक्षा के लिए रखा जा रहा है।"

"लेकिन सर! यहाँ तो दंगे हो रहे हैं। मेरा यहाँ रहना बहुत ज़रूरी है।"

"वह हम संभाल लेंगे। तुम्हें जो कहा जा रहा है, वह करो।"

"ठीक है सर!"

परेरा तीनमूर्ति भवन पहुँचे। वहाँ पहले से भारी सुरक्षा मौजूद थी। इंदिरा गांधी के शव को दर्शन के लिए भीड़ जमा थी। परेरा का वायरलेस लगातार बज रहा था। चाँदनी चौक के पास बिजली उपकरणों के सबसे बड़े बाज़ार भगीरथ पैलेस में आग लगायी जा रही थी।

दिल्ली में बिजली का पूरा व्यवसाय हमेशा से सिख-बहुल रहा है। उस वक़्त तो यह सभी दुकानें उनकी ही थी। परेरा तीनमूर्ति भवन की शांति में बेचैन हो रहे थे।

उन्होंने कमिश्नर को कहा,

"सर! मैं यहाँ क्या कर रहा हूँ? वहाँ मेरे क्षेत्र में आग लगायी जा रही है और मैं यहाँ चुपचाप इंदिरा जी की शव के सामने खड़ा हूँ? मुझे जाने दीजिए।"

कमिश्नर को लग गया कि परेरा नहीं मानेंगे।

उन्होंने कहा, "ठीक है। जाओ! लेकिन जैसे ही मैं बुलाऊँ, वापस आ जाना।"

परेरा वहाँ से निकल कर सीधे लाल किले के पास पहुँचे, जहाँ उन्मादी भीड़ भगीरथ प्लेस जला रही थी। उनके पहुँचते-पहुँचते यह पहले ही जल चुकी थी। परेरा के साथ बस कुछ लाठी लिए कॉन्स्टेबल थे, जिनके सामने सैकड़ों की भीड़ थी।

उन्होंने देखा कि चांदनी चौक से भीड़ शीशगंज गुरुद्वारा की ओर बढ़ रही थी। गुरुद्वारा के बाहर कुछ सिख तलवार लिए रक्षात्मक मुद्रा में खड़े थे। वे वाहेगुरु का नाम लेकर इस भीड़ से लड़ने की ताकत जुटा रहे थे।

शीशगंज कोई साधारण गुरुद्वारा नहीं था।

जितनी महत्ता स्वर्ण मंदिर की है, उसके समकक्ष ही दिल्ली के शीशगंज की भी मानी जाती है। यह वही स्थान है जहाँ सिखों के नौवें गुरु तेग बहादुर को औरंगज़ेब के आदेश पर मारा गया था। यह शहीदी से जुड़ा गुरुद्वारा है। यहाँ अगर भीड़ प्रवेश कर सिखों की हत्या करती, तो इसकी आग देश के कोने-कोने तक पहुँच जाती। लेकिन ये पुलिस के चंद सिपाही क्या इस गुरुद्वारे की रक्षा कर पायेंगे? ख़ास कर तब, जब उनके अपने ही सीनियर अफ़सर कान में रुई डाले तीनमूर्ति भवन में सलामी दे रहे हैं।

परेरा ने पहले सिखों को गुरुद्वारे के अंदर जाने के लिए कहा। उसके बाद वह लाउडस्पीकर से भीड़ को रुकने के लिए कहने लगे। भीड़ अब भी चांदनी चौक के आस-पास की दुकानें जलाती हुई आ रही थी। परेरा के सिपाही आँसू गैस के गोले फेंकने लगे। भीड़ कुछ देर तितर-बितर होकर वापस जमा हो गयी। जाहिर है यह इंदिरा गांधी के धुर-समर्थकों की भीड़ थी जो सिखों से ख़ून का बदला लेना चाहती थी। जब भीड़ गुरुद्वारे के निकट आयी, परेरा ने अपने कॉन्स्टेबल को एक मामूली रिवॉल्वर से गोली चलाने कहा। एक आदमी गोली खाकर वहीं मर गया।

परेरा ने एक लाउडस्पीकर पर कहा,

“जो भी पुलिस कांस्टेबल इस दंगाई भीड़ के किसी भी आदमी को मारेगा, उसे ईनाम दिया जाएगा।”

यह सुनते ही भीड़ कुछ घबरा गयी और वापस जाने लगी। आख़िर परेरा यह गुरुद्वारा बचाने में कामयाब हुए।

कुछ ही देर में, अशोक विहार से ACP महाबीर सिंह का वायरलेस आया,

“सर! यहाँ भीड़ ने दो सिखों के ऊपर किरासन तेल डाल दिया है... अब उसमें आग लगा दिया है... मेरे सामने ये ज़िन्दा जलाए जा रहे हैं।”

परेरा चिल्लाए,

"तुम खड़े-खड़े मुझे कमेंट्री क्या सुना रहे हो? जो भी ऐसा करता है, उस पर गोली चलाओ। तुम्हारे सामने लोग जलाए जा रहे हैं और तुम ऑर्डर का इंतज़ार कर रहे हो?"

"सर! लेकिन, यह बहुत बड़ी भीड़ है। गोली चलाने से कुछ नहीं होगा।"

"कुछ नहीं होगा? तुम कर क्या रहे हो? किसी भी तरह उन्हें बचाओ!"

❑

जब परेरा शीशगंज गुरुद्वारे की रक्षा कर रहे थे, उसी वक़्त करोलबाग के SHO रनबीर सिंह अकेले हाथ में रिवॉल्वर लिए दंगाइयों के बीच पैदल ही घुस कर लड़ रहे थे। उनकी जीप ख़राब हो गयी थी और वह भीड़ में फँस गए थे। रनबीर सिंह सिख नहीं थे, लेकिन उनका नाम आज भी सिखों के जेहन में दर्ज है। उन्होंने लगभग चार सौ सिखों की रक्षा की। बल्कि, दिल्ली के इस क्षेत्र में सबसे कम (बीस) हत्याएँ दर्ज हुई। जबकि पूरी दिल्ली में तीन हज़ार से अधिक हत्याएँ हुई।

परेरा और उनके जैसे अफ़सरों की कोशिश के बावजूद भी सिख मारे जाते रहे। लाशों का अंबार लगता गया। यह जलती टायर गले में डाल कर की जाने वाली निर्मम हत्या भी इसी दंगे की छाप बनी। यह हत्या का सबसे साधारण और फूल-प्रूफ तरीका था।

अगर किसी व्यक्ति के गले में जलती टायर डाल दी जाए, तो वह चाह कर भी उससे निकल नहीं पाएगा। पिघलती टायर फैल कर उसे जकड़ लेगी और वह धीरे-धीरे दम तोड़ देगा। लेकिन, इतने टायर और इतने किरासन का इंतज़ाम करना एक संगठन ही कर सकता है। यह बताने की ज़रूरत नहीं कि वह कौन सा संगठन था!

इंडियन एक्सप्रेस के पत्रकार संजय सूरी एक स्पष्ट सबूत भी देते हैं। SHO रनबीर सिंह ने कई लोगों को लूट के सामान के साथ गिरफ़्तार किया था। उसी वक़्त करोलबाग से कांग्रेस सांसद धरमदास शास्त्री अन्य कांग्रेस नेताओं के साथ पहुँचे और कहा,

"इन सबको छोड़ दो।"

वहाँ DCP आमोद कंठ ने कहा,

"लेकिन इन सबके पास लूट के सामान मिले हैं।"

"सामान बरामद कर लिया न? अब इन्हें छोड़ दो।"

"लेकिन सामान तो इनके पास से ही बरामद हुआ है? ये लोग अपराधी हैं।"

"अरे, कोई अपराधी नहीं है। आपको मालूम है क्या हालात है मैडम की डेथ के बाद? अभी यह मामला नहीं बढ़ाइए। आग और बढ़ जाएगी।"

"सर! आप अपराधियों का साथ क्यों दे रहे हैं?"

"यह क्या भाषा है आपकी? तमीज नहीं है MP से बात करने की? मैं कह रहा हूँ, ये लोग बेकसूर हैं।"

ACP हुकुमदेव जाटव भी पहुँच गए थे। उन लोगों ने सांसद को शांत किया, लेकिन यह तो सिद्ध हो ही चुका था कि इस लूट-पाट में जो लोग शामिल थे, वे सांसद के ही लोग थे।

दिल्ली की सड़कों पर यह तांडव पाँच दिनों तक चलता रहा। न्याय-व्यवस्था दम तोड़ रही थी, जब इंदिरा गांधी की चिता जल रही थी। यह तर्क दिया जाता है कि एक मातृशोक झेल रहे युवा प्रधानमंत्री के लिए इसे रोकना कठिन था। यह भी तथ्य मिलते हैं कि राजीव गांधी स्वयं दंगा-पीड़ित क्षेत्रों का मुआयना कर रहे थे और दंगा रोकने के प्रयास कर रहे थे। 2 नवंबर को सेना भी बुला ली गयी थी। लेकिन, निष्कर्ष तो यही रहा कि न वे अपनी पार्टी के गुंडों को सम्भाल पा रहे थे, न पुलिस-तंत्र को और न अपने देश की जनता को।

दो हफ़्ते बाद, 19 नवंबर को राजीव गांधी ने बोट क्लब में कहा,

"हमें याद रखना है कि इंदिरा जी की हत्या क्यों हुई। कौन लोग इसके पीछे हो सकते हैं? हमें मालूम है कि भारत की जनता के दिल में कितना क्रोध आया, कितना गुस्सा आया। कुछ दिन के लिए लोगों को लगा कि भारत हिल रहा है। लेकिन, जब भी कोई बड़ा पेड़ गिरता है तो धरती थोड़ी हिलती है।"

संदर्भ

1. Rajiv Gandhi and Rama's Kingdom by Ved Mehta; Yale University Press, 1994.

2. Sonia Gandhi: An extraordinary Life, an Indian Destiny by Rani Singh; Pan Macmillan, 2011.

3. Rajiv by Sonia Gandhi; Viking Adult; 1992.

4. Notes on the Great Indian Circus, Khushwant Singh; Penguin India, 2001.

5. The Maruti Story: How a Public Sector Company Put India on Wheels by R. C. Bhargava; Collins, 2010.

6. The Red Sari: A Dramatised Biography of Sonia Gandhi by Javier Moro; Roli Books, 2015

7. The Lotus Years: Political life in India in the Time of Rajiv Gandhi by Ashwini Bhatnagar; Hatchette India, 2019.

8. Durbar by Tavleen Singh; Hatchette India, 2013

9. राजपथ से लोकपथ पर by विजयराजे सिंधिया; Prabhat Prakashan, 2016

10. Indira Gandhi: A biography by Pupul Jaykar; Penguin India, 1988.

11. Indira: The Life of Indira Nehru Gandhi by Katherine Frank; Harper Collins, 2001.

12. Indira Gandhi: Tryst with Power by Nayantara Sehgal; Penguin Books, 2012.

13. सिख इतिहास by ठाकुर देशराज; ग्रामोत्थान विद्यापीठ. गंगानगर

14. Amritsar by Mark Tully and Satish Jacob; Rupa, 2006.

15. The Akali Movement by Mohinder Singh; National Book Trust. 2008.

16. Bhindrawale: Myth and reality by Chand Joshi; Vikas Publishing House, 1984.

17. Gallant defender by A. R. Darshi; B Chattar Singh Jiwan Singh (Publisher). 1999.

18. A history of the Sikhs by Khushwant Singh; Oxford University Press, 2005.

19. Tragedy of Punjab: Operation Blue Star and after by Kuldip Nayar and Khushwant Singh; Vision Books, 1985

20. India Today Archives

21. Hindustan Times Archives

22. BBC Archives

www.ingramcontent.com/pod-product-compliance
Lightning Source LLC
LaVergne TN
LVHW041116150826
845673LV00007B/2078

* 9 7 9 8 8 9 6 9 9 2 3 0 1 *